Verlag für Systemische Forschung
im Carl-Auer Verlag

Johanna Kiniger

Schulverweigerung als Entwicklungschance?

Ein systemisch-lösungsfokussierter Ansatz – Das Neun-Phasen-Modell der Schulverweigerung

Mit Geleitworten von
Romana Schneider & Stefan Ruetz
und Elfie Czerny & Dominik Godat
2021

Der Verlag für Systemische Forschung im Internet:
www.systemische-forschung.de

Carl-Auer im Internet: www.carl-auer.de
Bitte fordern Sie unser Gesamtverzeichnis an:

Carl-Auer Verlag
Vangerowstr. 14
69115 Heidelberg

Reihengestaltung nach Entwürfen von Uwe Göbel
Printed in Germany 2021

Erste Auflage, 2021
ISBN 978-3-8497-9049-3 (Printausgabe)
ISBN 978-3-8497-9050-9 (ePub)
DOI 10.55301/9783849790493

Bibliografische Information der Deutschen Nationalbibliothek:
Die Deutsche Nationalbibliothek verzeichnet diese Publikation
in der Deutschen Nationalbibliografie; detaillierte bibliografische
Daten sind im Internet über http://dnb.ddb.de abrufbar.

Die Verantwortung für Inhalt und Orthografie liegt bei der Autorin.

Diese Publikation beruht auf der Masterthesis „Schulverweigerung als Entwicklungschance? Eine empirische Untersuchung aus systemisch-lösungsorientierter Sicht, mit systemisch-lösungsorientiertem Entwicklungskoffer für Schulverweigerer*innen“ zur Erlangung des akademischen Grades Master of Science (MSc) an der Karl-Franzens-Universität Graz, Universitätslehrgang „Psychosoziale Beratung“, 2020.

Inhaltsverzeichnis

Danksagung

Durch meine Lehr- und Beratungstätigkeit sowie als lösungsfokussierter Coach bin ich häufig mit dem Phänomen Schulverweigerung konfrontiert. Es ist mir als Vorstandsmitglied des ASC (Austrian Solution Circle) ein Anliegen, das Phänomen Schulverweigerung vom systemisch-lösungsorientierten Blickwinkel her zu erforschen und durch diese länderübergreifende qualitative Sozialforschung, einen wesentlichen Beitrag zur systemisch-lösungsorientierten Forschung zu leisten.

Ich möchte mich an dieser Stelle herzlichst bei allen Personen bedanken, die mich bei der empirischen Untersuchung unterstützt haben. Ein großes Dankeschön geht an die Schulverweigerer*innen aus Deutschland, Italien, Österreich und Italien, für ihr großes Engagement, ihre Bereitschaft zur Partizipation, ihre Ideen und Visionen.

Bedanken möchte ich mich beim ASC (Austrian Solution Circle) für die Verleihung des Forschungsförderpreises 2019. Mein besonderer Dank geht hierbei an Doz. Mag.[a] Elfie Czerny, Doz. lic.rer.pol. Dominik Godat, Mag.a Birgit König und Mag.[a] Marlies Titak.

Mein großer Dank gilt meiner Familie, meinen Töchtern Annalena und Valentina, meiner Mutter Anna und meinem Partner Andreas für die Unterstützung, das große Verständnis und die anregenden, motivierenden Impulse. Bedanken möchte ich mich auch bei Christl Mair und Sonja Schiller.

Besonders wichtig war für mich die kompetente wissenschaftliche Begleitung. Ein besonderes Dankeschön geht hierfür an Univ. Doz. Dr. Dr. Barbara Friehs, Mag. Prof. Maximilian Pürstl, MMMag. Stefan Ruetz, Mag.[a] Romana Schneider sowie an Dr. phil. Eva Maria Waibl.

Geleitwort von Romana Schneider und Stefan Ruetz

In einem Gespräch, das wir beide, Romana Schneider und Stefan Ruetz, mit Johanna Kiniger nach dem Abschluss ihrer Masterthesis führten, fragte sie, ob wir uns noch an das Gefühl ihrer Verzweiflung nach den ersten Probeinterviews erinnern konnten. Wir konnten es nicht, denn wenn wir heute an die Masterthesis von Johanna Kiniger und das vorliegende Buch, das daraus entstanden ist, denken, ist es aufrichtige Bewunderung, die wir empfinden! Gerne denken wir an dieser Stelle an den erfolgreichen Weg zurück, den sie gegangen ist:

Johanna Kiniger war eine der ersten Studierenden des Masterupgrades für psychosoziale Beratung, das seitdem unser Institut in Kooperation mit der Uni for Life/ Universität Graz in Schwaz in Tirol veranstaltet und das mit dem Titel Master of Sience (MSc) abschließt. Dieses Masterupgrade ermöglicht es psychologischen Berater*innen, an ihre Ausbildung ein Masterstudium anzuschließen und ihre Expertise wissenschaftlich zu untermauern.

Während einer Lehrveranstaltung berichtete sie uns – ihren eigenen Worten nach „ganz verzweifelt" – über ihre ersten Probeinterviews, in denen wider Erwarten Jugendliche ihr gesagt hatten, dass diese ihre Schulverweigerung nicht als problematisch ansahen, sondern ganz im Gegenteil als einen wichtigen Entwicklungsschritt in ihrem Leben. Aufgrund dieser Aussagen musste Johanna Kiniger ihre gesamte Masterthesis umgestalten, was für sie einen ungeheuren Aufwand darstellte – doch der Preis für diesen Aufwand hat sich gelohnt. Entstanden sind eine herausragende Masterarbeit und das vorliegende Buch. Beide wissenschaftlichen Werke sind in vielerlei Hinsicht bewundernswert und wir möchten einige Aspekte exemplarisch herausgreifen, um Ihnen die lösungsorientierte Haltung der Autorin in Zusammenhang mit ihrer Fachexpertise und Umsetzung in die Praxis aufzuzeigen.

Der erste Aspekt, den wir hervorheben möchten, ist das Umdenken, auf das sich die Autorin durch die Sichtweise der Jugendlichen auf das Thema Schulverweigerung eingelassen hat. Nämlich die Abwendung von einer problemorientierten Sichtweise hin zu einer **stärkenorientierten Sichtweise**, was aus fachlicher Sicht nichts weniger als einen Paradigmenwechsel darstellt.

Ein weiterer Aspekt ist, dass mit dem Einbeziehen der Schüler*innen die Autorin den eigenen Expertenstatus verlassen und die Jugendlichen selbst als Expert*innen ihrer Situation fortan angesehen hat. Sie hat sich im System der Jugendlichen kundig gemacht und aus dieser Position heraus einen neuen Fragenkatalog entwickelt. Dies bedeutet ein Arbeiten auf Augenhöhe und ist Ausdruck von **Partizipation sowie der damit verbundenen Wertschätzung**. Das gegenständliche Werk ist somit auch Abbild der Wechselwirkung zwischen den Schüler*innen und der Autorin und der Nutzung der Potentiale der Schüler*innen.

Die beiden erwähnten Aspekte drücken eine Haltung aus, die hinter der **Fachexpertise** der Autorin steckt. Zusätzlich ist es ihr gelungen, einen fachlich herausragenden Schritt zu machen, nämlich die Theorie der Lösungsorientierung in Zusammenhang mit dem Themengebiet der Schulverweigerung zu setzen, eine Leistung, die die Fachwelt wesentlich bereichert.

Neben diesem wesentlichen Schritt setzt Johanna noch einen weiteren wichtigen Schritt, nämlich die gewonnen Erkenntnisse in die Praxis umzusetzen und einen **Methodenkoffer** für die praktische Anwendung zu entwickeln. Damit gibt sie Fachleuten hilfreiche Werkzeuge für die Zusammenarbeit mit Schulverweiger*innen in die Hand. Diese werden zusammen mit den neuesten Entwicklungen im Bereich Schulverweigerung in einem weiteren Buch erscheinen.

Allein die Tatsache, dass dieses erste Buch schon wertvolle Beiträge im Bereich Schulabsentismus setzt, lässt uns gespannt auf weitere Ergebnisse von Johanna warten. Wir durften sie ein Stück ihres wissenschaftlichen Weges begleiten und wünschen ihr alles Gute und weiterhin viel Erfolg!

Mag.[a] Romana Schneider und MMMag. Stefan Ruetz,
Ausblicke – Institut für lösungsorientierte Beratung
Schwaz im April 2021

Geleitwort von Elfie Czerny und Dominik Godat

Stellen Sie sich vor, alle Menschen würden einander als Expert*innen für ihr eigenes Leben ernstnehmen und einbeziehen. Stellen Sie sich vor, alle hätten Interesse an den guten Gründen, die auch abweichendem Verhalten zugrunde liegt. Und dies nicht nur zwischen Erwachsenen, sondern vor allem auch mit Kindern und Jugendlichen. Stellen Sie sich vor, was wir voneinander lernen könnten, wenn wir so im Gespräch wären. Aus einem hierarchischen Verhältnis würde ein wahrhaftiges miteinander.

Johanna Kiniger macht genau dies in ihrer Arbeit: Sie hört zu. Sie nimmt die Jugendlichen ernst. Sie möchte mehr über die guten Gründe erfahren. Sie entwickelt ihre Arbeit gemeinsam mit den Jugendlichen. Und Sie lässt sie zu Wort kommen. Aus „Schulverweigerung als Problem" wurde so in Gesprächen mit den Jugendlichen „Schulverweigerung als Entwicklungschance". Aus einem Problem wird eine mögliche Lösung. Aus destruktivem Verhalten werden Entwicklungschancen. Und wenn wir ernsthaft zuhören, dann merken wir, dass Jugendliche – auch die, die nicht zur Schule gehen – lernen möchten. Sie möchten sich entwickeln. Oder wie Max es ausdrückt: „Ich will (...) wieder neugierig sein dürfen auf das Leben und die Zukunft."

Dieser unkonventionelle Blickwinkel mag einige Leser*innen vielleicht verwirren. Uns begeistert er. Wir erinnern uns noch gut an die Jahrestagung des Austrian Solution Circle (ASC) 2019, an dem Johanna als Gewinnerin der ASC Forschungsförderung aufgezeigt hat, wie sich Jugendliche während ihrer Zeit der Schulverweigerung entwickeln. Jugendliche lernen in dieser herausfordernden Zeit mit Aufs und Abs das, was viele Erwachsene im Erwachsenenalter anstreben. Sie machen sich übers Leben Gedanken. Sie entdecken, was sie wirklich wollen. Sie entwickeln Strategien. Sie merken, was ihnen wichtig ist. Sie setzen sich mit sich und ihrer Umwelt auseinander.

„Für mich sind Schulverweigerer*innen erstmals junge Menschen, die längere Zeit nicht zur Schule gegangen sind", antwortet unser geschätzter Kollege Michael Eisele, Schulleiter des LZB St. Anton, auf die Frage, ob sie in ihrer Schule einen speziellen Begriff gebrauchen, für Jugendliche, die Schule verweigern. Seine Aussage verdeutlicht, dass es immer zuerst um den Menschen gehen sollte. Schulverweigerung wird dann nicht nur für die Jugendlichen eine Entwicklungschance, sondern auch für die Schule.

Wir stellen uns gerne vor, wie die Welt aussehen würde, wenn alle Erwachsenen Jugendliche und Kinder so ernst nehmen. Wie ein Bildungssystem aussehen würde, in dem Lehrer*innen und Schüler*innen wirklich gemeinsam von- und miteinander lernen. Aus vorgegebenen Lerninhalten entstünde ein gemeinsamer Lernraum. Aus Ein- und Unterordnung würde ein gemeinsamer Dialog. Aus passend und unpassend würde ein Erkennen und Ernstnehmen von Unterschiedlichkeiten. Aus einem Einheitsbrei entstünde eine wahrhafte Vielfalt. Auseinandersetzen miteinander, Zuhören, Ernstnehmen, im Dialog bleiben und gemeinsam nach guten Möglichkeiten suchen, wären die Folge. Und sind dies nicht genau die Fähigkeiten, die wir in der Welt in Zukunft benötigen?

Wir erhoffen uns, dass die vorliegende Arbeit von Johanna Kiniger anregt, Jugendliche und Kinder ernster zu nehmen und mit ihnen gemeinsam heute die Schule von morgen zu entwickeln.

Elfie Czerny & Dominik Godat
Zentrum für Lösungsfokussierte GesprächsFührung

1 Einleitung

1.1 AUSGANGSSITUATION UND FORSCHUNGSZUGANG

Internationale Studien, Forschungsprojekte und Statistiken belegen, dass viele Kinder und Jugendliche nicht zur Schule gehen. Es gibt zahlreiche Untersuchungen, die Schulverweigerung als Problem sehen. In dieser Arbeit wird Schulverweigerung von einem neuen Blickwinkel her erforscht. Durch Reframing soll ein UM- und NEUDENKEN in Gesellschaft und Schule angeregt werden. Es gilt und galt zu erforschen, ob die systemisch-lösungsorientierte Betrachtungsweise zu neuen wissenschaftlichen Erkenntnissen führt und wie die systemisch-lösungsfokussierten Fragestellungen des Interviewleitfadens auf die befragten Personen wirken. Öffnen sich durch den Lösungsfokus neue Perspektiven und Entwicklungsmöglichkeiten? Macht Lösungsfokus einen Unterschied?

1.2 DER WEG HIN ZUR FORSCHUNGSFRAGE – EIN ABBILD VON UNVORHERSEHBAREN DYNAMIKEN

Im Sinne des systemisch-lösungsorientierten Ansatzes wurde die Eigendynamik von Prozessen als kreative Lösungsmöglichkeit und als Entwicklungsimpuls wahrgenommen und genutzt. Meine ursprüngliche Forschungsfrage war problemorientiert und lautete: „Schulverweigerung ist ein großes Problem. Warum verweigern Jugendliche den Schulbesuch?" In den ersten drei Probeinterviews kritisierten die Schulverweigerer*innen übereinstimmend den Zugang zur Thematik. Für die Befragten waren die Fragestellungen des Interviewleitfadens zu „normal", negativ behaftet und einseitig. Sie wünschten sich ein Reframing, ein Umdenken und mehr Wertschätzung den Schulverweigerer*innen gegenüber. Darum änderte ich, gemeinsam mit den drei Jugendlichen, mit welchen ich die Probeinterviews durchgeführt hatte, den Interviewleitfaden ab. Wir entwickelten gemeinsam die systemisch-lösungsorientierten Fragestellungen weiter und passten sie an das Weltbild, an die Vorschläge und Erfahrungen der Betroffenen an. Anschließend wurden die 20 Interviews mit Schulverweigerer*innen aus Deutschland, Italien, Österreich und der Schweiz durchgeführt.

1.3 Forschungsfrage und Ablauf der systemisch-lösungsorientierten Interviews

Die Forschungsfrage der empirischen Untersuchung lautete am Ende folgendermaßen: Schulverweigerung als Entwicklungschance?

Die partizipierenden Schulverweigerer*innen bezeichneten sich während der Befragung öfters als Expert*innen ihres Lebens und somit auch als Expert*innen für Schulverweigerung. Ihr größter Wunsch war, die Ergebnisse dieser Forschung zu veröffentlichen, um Breitenwirkung zu erzielen und um durch Verstörung bestehende Strukturen zu durchbrechen und ein Umdenken in der Gesellschaft einzuleiten. Mehrere Schulverweigerer*innen äußerten im Laufe des Gespräches zudem den Wunsch, einen systemisch-lösungsorientierten Entwicklungskoffer von Schulverweigerer*innen für Schulverweigerer*innen mit wirkungsvollen Tools zu entwickeln. Dieser Entwicklungskoffer ist in Ausarbeitung und wird bald veröffentlicht. Ein Tool des Entwicklungskoffers wird in diesem Buch vorgestellt.

1.4 Aufbau der Arbeit und Einblick ins Buch

Zu Beginn der Arbeit werden die Begriffsdiffusion und Trennschärfenproblematik des Begriffes „Schulverweigerung" thematisiert. Die Annäherung an das Phänomen Schulverweigerung erfolgt im Sinne des systemisch-lösungsorientierten Ansatzes vielschichtig. Nach einem kurzen Einblick in die Entwicklung der Schulabsentismusforschung, werden grundlegende Theorien zur Schulverweigerung sowie schultheoretische Aspekte aufgezeigt und die Möglichkeit des interdisziplinären Forschungszugangs thematisiert. Aktuelle und vergleichende Studien geben Einblick in neuere Entwicklungen. Anschließend werden interdisziplinäre Handlungsansätze und neueste Erkenntnisse in Prävention, Intervention und Rehabilitation vorgestellt. Ein inhaltlicher Schwerpunkt ist die Verknüpfung von Schulverweigerung, Entwicklung und Lösung in ihrer Vielfalt. Schulverweigerung wird einerseits als ein sich zuspitzender Entwicklungsprozess ergründet und anhand von Phasenmodellen veranschaulicht, andererseits aber auch als ein entwicklungsphasentypisches Handeln thematisiert. Im nächsten Abschnitt des Buches wird der Bogen gespannt zwischen Schulverweigerung und Nutzung des Entwicklungspotentials. Neuere wissenschaftliche Untersuchungen belegen, dass durch Passung, d. h. durch Generierung von „passenden" Bedingungen, neue Entwicklungen und Veränderungen hervorgebracht werden (vgl. Dreher 2015, o. S.). Durch Passung entsteht Flow und Flow ist der wichtigste Anreiz, um das Entwicklungspotential zu entfalten und zu nutzen. Diese Erkenntnisse sind im Umgang mit Schulverweigerer*innen wichtig und eröffnen neue Handlungsmöglichkeiten.

Im nächsten Abschnitt wird eine Verknüpfung zwischen Schulverweigerung und dem systemisch-lösungsorientierten Ansatz hergestellt. Hierbei geht es einerseits um Schulverweigerung als Lösung, andererseits aber auch um Schulverweigerung als zirkulärer Lösungsfindungsprozess und innerer bzw. sozialer Konflikt. Abgerundet wird dieser Abschnitt mit systemisch-lösungsorientierten Handlungsmöglichkeiten und Hilfestellungen bei Schulverweigerung. Hierbei wird konkret auf die systemisch-lösungsorientierte Beratung und das systemisch-lösungsorientierte Kurzzeitcoaching mit Schulverweigerer*innen Bezug genommen.

Ein innovativer Schwerpunkt dieser Forschungsarbeit ist die Erprobung des systemisch-lösungsorientierten Ansatzes in der qualitativen Sozialforschung. Zu Beginn wird die angewandte Methode der Forschung vorgestellt, dann das Forschungsdesign, das Erhebungsinstrument und die grundlegenden Inhalte zum systemisch-lösungsorientiert Leitfadeninterview. Die Kategorienbildung erfolgte induktiv und deduktiv. Die Auswertung der Interviews wurde mit MAXQDA durchgeführt.

Im nachfolgenden Kapitel werden die bahnbrechenden Forschungsergebnisse vorgestellt. In diesem Zusammenhang stellen die Interviewpartner*innen ihre kleinen Schritte hin zur perfekten Zukunft vor und sprechen über ihre Lösungsvisionen. Ein interessantes Forschungsergebnis ist das „Neun-Phasen-Modell der Schulverweigerung". Im Verlauf der Forschungsarbeit wurde eine sich ständig wiederholende Dynamik des Schulverweigerungs-Prozesses ersichtlich. Das „Neun-Phasen-Modell der Schulverweigerung" wird in diesem Buch genauer erklärt und veranschaulicht. Abgerundet wird die Arbeit mit einem Einblick in den systemisch-lösungsfokussierten Entwicklungskoffer von Schulverweigerer*innen für Schulverweigerer*innen. Der Entwicklungskoffer baut auf dem „Neun-Phasen-Modell der Schulverweigerung" auf und ist für Prävention, Intervention und Rehabilitation von Schulverweigerer*innen geeignet. Der systemisch-lösungsfokussierte Entwicklungskoffer ist das Ergebnis und zugleich das Abbild der Eigendynamik dieser Forschungsarbeit und von Systemen.

2 Vorwort von „Max, dem Schulverweigerer"

Im Sinne des Perspektivenwechsels, der Vielschichtigkeit, des Expertentums und der Partizipation äußert sich Max, der Schulverweigerer, zur Schulverweigerung. Max ist ein Interviewpartner.

Liebe Leser*innen,

ich finde, dass den Expert*innen für Schulverweigerung viel mehr Gehör geschenkt werden sollte. Sie haben diese Erfahrung selbst durchlebt. Sie wissen, was Schulverweigerer*innen wirklich brauchen. Nachfolgende Tagebuchaufzeichnungen habe ich in der Zeit der Schulverweigerung geschrieben. Die Ausschnitte spiegeln offen und ehrlich meine innersten Gedanken und Gefühle zur Zeit der Schulverweigerung. Meine Tagebuchaufzeichnungen sind eine Chance für die Leser*innen das Phänomen mit den Augen eines Betroffenen zu sehen.

Donnerstag, 09.11.

Liebes Tagebuch,
guten Morgen. Ich habe heute keine Lust, Schule zu gehen. Immer dasselbe. Ich habe keinen Bock mehr, mich mit sinnlosen Dingen zu beschäftigen. Ich habe keine Lust mehr, das zu tun, was andere von mir verlangen. Ich habe keine Lust mehr, immer zu funktionieren und freundlich zu sein, obwohl es mir nicht gut geht. Ich will nicht mehr. Ich möchte ehrlich sein, zu mir selbst und zu den anderen. Ich will mein Leben wiederhaben, das mir die Schule genommen hat. Ich will Spaß und Freude haben, wieder neugierig sein dürfen, auf das Leben, auf die Zukunft. Ich sehne mich nach Glück und Lebensfreude, nach Sinn und Wertschätzung. Ich will nicht mehr. So … aus …. ich bleibe heute zu Hause. Ich schlafe aus. Verkackte Schule.

Mittwoch, 15.12.

Liebes Tagebuch,
was für eine geniale Idee von mir, nicht zur Schule zu gehen. Es geht mir blendend. Nur weiter so. Das Leben ist schön.

Montag, 5.02.

Gestern, die Fete, die war richtig cool und das Ausschlafen heute auch. Wer braucht denn schon die Schule. Ich habe jetzt viel mehr Zeit für mich und für meine Freunde, die auch schwänzen. Wir sind ein Team. Ich lerne so viel, viel mehr als in der Schule. Endlich lerne ich das Leben kennen. Spannend, was es alles so gibt. Ich tu, was ich will. Das Leben ist schön.

Mittwoch, 21.03.

Liebes Tagebuch,
in letzter Zeit habe ich es wohl übertrieben, mit dem Schule schwänzen. Ich habe viel verpasst und es wird für mich immer schwieriger, die versäumten Inhalte nachzuholen. Morgen werde ich wieder zur Schule gehen, aber nach der 3. Std. bin ich fast gezwungen, nach Hause zu gehen. Wir haben Test und ich kann nichts. Gott sei Dank haben wir eine Klassen-WhatsApp Gruppe, so weiß ich immer, wann die Tests sind und kann mir die Unterlagen ausdrucken. Natürlich helfen mir auch meine Freunde und meine große Schwester. Sie war auch einmal in einer ähnlichen Situation und versteht mich. Ich werde morgen nach der 2. Std. einfach in Ohnmacht fallen und dann nach Hause gehen. Gute Nacht, liebes Tagebuch. Großer Schmerz. Das Leben ist nicht so schön.

Freitag, 06.04.

Liebes Tagebuch,
ich habe Angst, die Kontrolle über mein Leben zu verlieren. Ich bin verwirrt. Das, was ich so sehr wollte, ist nicht perfekt. Ich will den Weg zurückfinden, aber zugleich das Neue in mir weiter entfalten. Ich brauche eine Lösung. Das Leben ist so nicht schön.

3 Schulverweigerung – *„Ich bleib dann mal weg“* [1]

3.1 Begriffsdiffusion und Trennschärfenproblematik

„An Begriffe werden Kriterien (Merkmale) geknüpft, sie erhalten damit einen Zuschreibungscharakter. Sie sind ein gedankliches Konstrukt. Begriffe treten hierarchisch in Beziehung zueinander und trennen einander ab. Die Trennschärfe ist jedoch nicht immer gegeben.“
(Beinke et al. 2008, S. 91)

In der Forschung und Fachliteratur existieren unterschiedliche Bezeichnungen für das Phänomen Schulverweigerung. Die Differenzierung ist unscharf (vgl. Weckel 2017, S. 51).

Thimm und Ricking betonen beispielsweise, dass es vor allem bei der Verwendung und Abgrenzung der Begriffe Schulverweigerung, Schulschwänzen, Schulabwesenheit, unregelmäßiger Schulbesuch, Schulverdrossenheit, Schulphobie, oder schuldistanziertes Verhalten keine konsensfähige Begriffsverwendung und sehr große Uneinigkeiten gibt.

Für Ricking umfasst der Oberbegriff Schulabsentismus alle Verhaltensweisen und -muster, bei denen die Schüler*innen zur Unterrichtszeit in alternativen Räumen aufhalten (vgl. Ricking 2014, S. 8).

Schulverweigerung ist für ihn eine Erscheinungsform des Schulabsentismus. Die Klassifikation in unterschiedliche Erscheinungsformen basiert auf den ursächlichen Faktoren (Ricking/Albers 2019, S. 11).

Rickings Definitionen können sich nicht durchsetzen können, weil die Begrifflichkeiten im allgemeinen Sprachgebrauch nach wie vor als Synonyme gebraucht werden und nicht im hierarchischen Verhältnis gesehen werden (vgl. Fahrenholz 2015, S. 10).

[1] Geist 2012, S. 6.

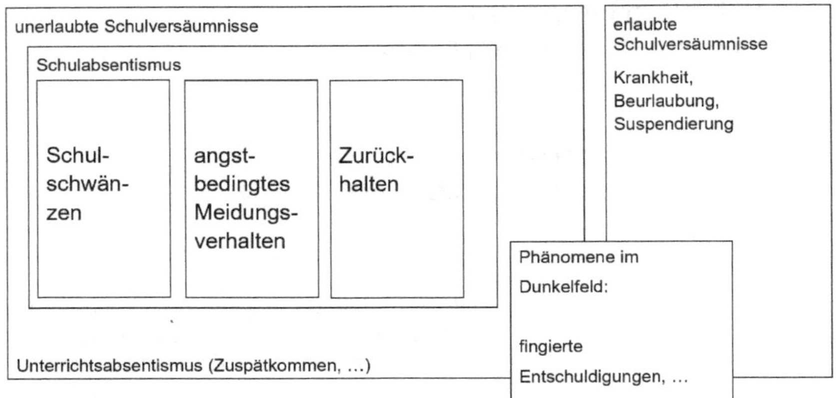

Abb. 1: Unterschiede zwischen schulaversiven Verhaltensweisen und Schulversäumnissen (nach Ricking 2014, S. 38)

Für Seeliger ist Schulverweigerung ebenso wie für Ricking eine Unterkategorie des Schulabsentismus. Schulverweigerung ist für sie durch eine prozesshafte Entwicklung charakterisiert. Die Autorin unterscheidet zwischen der aktiven und der passiven Schulverweigerung. Die passive Schulverweigerung steht für körperliche Anwesenheit in der Schule, aber bewusstes Verweigern von Arbeitsaufträgen, gezieltes Stören des Unterrichts oder fehlende Teilhabe. Unter aktiver Schulverweigerung versteht Seeliger hingegen das bewusste Fernbleiben (vgl. Seeliger 2016, S. 26 ff.).

Für die Unterscheidung zwischen Schulschwänzen und Schulverweigerung gilt in der Schulabsentismus-Forschung u. a. auch die quantitative Komponente. Wenn jemand öfter als fünfmal im Schuljahr der Schule unentschuldigt fernbleibt, so handelt es sich nicht mehr um Schulschwänzen, sondern um Schulverweigerung (vgl. Samjeske 2007, S. 185).

Auch Barth bemängelt die unzureichende begriffliche Klärung. Er bringt Schulverweigerung mit der Adoleszenz in Verbindung. Für ihn ist Schulverweigerung ein übliches Verhalten der Jugendzeit. Schulverweigerung kann jedoch bereits in der Grundschule beginnen und sich bis zur Pubertät steigern (vgl. Barth 2015, S. 115).

Für Dunkane und Ricking entwickelt sich Schulverweigerung als Reaktion auf subjektiv empfundene Bedrohung. In ihrer Studie (2017) wird deutlich, dass Schulverweigerung mit internen internalisierenden Angstsymptomen sowie mit sozialen oder leistungsbezogenen Problemlagen in der Schule zusammenhängt. Schulverweigerer*innen leiden häufig an Prüfungsangst, werden gemobbt oder befinden sich in Klassen mit schlechtem Klassenklima. 23 % der Schüler*innen gaben in der Studie an, häufig an Ängsten zu leiden (vgl. Dunkake/Ricking 2017, S. 97).

In der begrifflichen Annäherung bleiben weiche Formulierungen bestehen. Im wissenschaftlichen Diskurs ist man sich mittlerweile darüber einig, dass es die typische Schulverweigerer*in nicht gibt, ebenso wenig wie ein typisches Profil für Schulverweigerer*innen. Für Seeliger wird Schulverweigerung im schulischen Alltag oft über subjektive Einschätzung sowie Interpretation der Lehrpersonen, Eltern, Pädagogen*innen definiert (vgl. Seeliger 2015, S. 28).

3.2 Anfänge und Entwicklung der Schulabsentismusforschung

Wenn Lehrpersonen nicht zum Unterricht erschienen, so nannte man dieses Phänomen in der Studentensprache Schulschwänzen (vgl. Müller, 1990, S. 16).

Erst zu einem späteren Zeitpunkt wurde dieser Begriff für die Abwesenheiten von Schüler*innen verwendet. Erste empirische Untersuchungen stammen aus der Verwahrlosungsforschung. Parallel dazu gab es psychologische Erklärungsansätze (vgl. Dunkake 2010, S. 30 f.).

Beide Zugänge befassten sich mit den Ursachen dieser Schulpflichtverletzung. Der Fokus lag auf der Persönlichkeitsebene. Nach 1950 weitete sich der Untersuchungsraum um den soziologischen Aspekt. Die Sozialisationsinstanz Familie kam als mögliche Mitverursacherin hinzu. 1963 lag die erste empirische Studie aus der Pädagogik vor. Klauer untersuchte hierbei Schulpflichtverletzungen auf der motivationalen Ebene (vgl. Fahrenholz 2015, S. 14 f.).

Ab 1970 setzte ein Paradigmenwechsel in der Forschung ein und es entwickelte sich die Erkenntnis, dass Schulpflichtverletzungen multifaktorielle Ursachen zugrunde liegen (vgl. Dunkake 2007, S. 22).

> „Die sachliche Struktur des Gegenstandes ist mit vier Dimensionen einzugrenzen: die theoretische Einordnung, die Untersuchungsebene, die theoretische Reichweite und die Methodik."
> (Simonis/Elbers 2011, S. 102)

3.3 Theorien über Schulverweigerung

Die Theorie ist ein System, das aufeinander bezogene Aussagen, Definitionen und Begriffe beinhaltet, Sachverhalte und Erkenntnisse ordnet, Tatbestände analysiert und erklärt sowie wissenschaftliche Prognosen trifft (vgl. Simonis/Elbers 2011, S. 103). Nachdem jede Theorie ihre Wirklichkeit anders konstruiert, ergeben sich konkurrierende Theorien, die sich entweder ergänzen oder gegenseitig in Frage stellen. Dissens und Konsens sind Faktoren, die dialektisch wirken und zu neuen Erkenntnissen führen (vgl. Zima 2004, S. 149).

3.3.1 Kontrolltheorie

Diese Forschungstheorie geht von der Annahme aus, dass die Bindung zu primären Bezugspersonen eine wichtige Rolle bei der Ausbildung von abweichenden Verhalten, abweichenden Werten und Normen spielt. Ein bedeutender Kontrolltheoretiker war Hirschi. In seinem Werk „Causes of Delinquency" (1969) entwickelte er die Annahme, dass das Ausmaß der Bindung eines Individuums an die Gesellschaft eine tragende Rolle spielt. Durch Präsenz und die indirekte Kontrolle der Eltern wirkt das „schlechte Gewissen" im Hinterkopf des Jugendlichen. Dieses hält von abweichendem Verhalten ab (vgl. Dunkake 2010, S. 122 ff.).

Kinder und Jugendliche mit verweigerndem Verhalten brauchen eine klare Grundstruktur und klare Präsenz, auch von Seiten der Lehrpersonen (vgl. Ricking o. J., S. 13).

Michael Wagner, Imke Dunkake und Bernd Weiß führten im Jahre 2004 empirische Analysen durch, bei denen sie Hirschis Annahmen weiterentwickelten und überprüften. Sie stellten hierfür sechs Hypothesen auf. Schulverweigerung zeigt sich vermehrt, wenn:

- die emotionale Bindung zu den Eltern gering ist
- der Erziehungsstil der Eltern inkonsistent oder gewalttätig ist
- die Eltern kaum Supervision mit den Kindern durchführen
- die Eltern wenig in die Schullaufbahn investieren

- das Kind kaum an außerschulischen Aktivitäten teilnimmt
- konventionelle Normen oder Werte kaum internalisiert sind (vgl. Wagner / Dunkake / Weiß 2004, S. 460 ff.).

Die Forscher*innen orientierten sich bei der Analyse an den Ergebnissen der Schülerbefragung des Max-Planck-Instituts Freiburg vom Jahr 1999. Das Ergebnis der empirischen Analysen ergab, im Hinblick auf die Kontrolltheorie, dass Schulverweigerung durch einen defizitären elterlichen Erziehungsstil, geringe elterliche Supervision und schwache Internalisierung von Werten verstärkt wird (vgl. Wagner / Dunkake / Weiß 2004, S. 460 ff.).

3.3.2 Anomietheorie

Die Anomietheorie geht von der Annahme aus, dass Anomie entsteht, wenn zwischen den gesellschaftlichen Regelungen und den individuellen Bedürfnissen ein Ungleichgewicht herrscht (vgl. Merton 1968, S. 216).

Die These Mertons kann auf die Schulverweigerung transferiert werden. Durch das Auseinanderklaffen von angestrebten individuellen Zielen und gegebenen gesellschaftlichen Strukturen reagieren Individuen mit verschiedenen Anpassungsformen. Diese Anpassungsformen sind die Konformität, die Innovation, der Ritualismus, die Rebellion oder der soziale Rückzug (vgl. Dunkake / Wagner / Weiss et al. 2015, S. 26 f.)

- Konformität (gute Schüler*innen): Gute Schüler*innen sind konform. Sie haben die nötigen Mittel um ihr Ziel (Schulerfolg) zu erreichen (vgl. Dunkake / Wagner / Weiss et al. 2015, S. 27).
- Innovation (aktive Schulverweigerer*innen): Aktive Schulverweigerer*innen streben Bildungserfolg an, aber es fehlen ihnen die legitimen Mittel. Sie bemühen sich darum, andere Wege zu finden, um den Bildungserfolg zu erreichen (z. B. zeitintensiver Nebenjob). Die Schulverweigerung ist ein Nebenprodukt der Diskrepanz zwischen Mittel und Ziel (vgl. Dunkake / Wagner / Weiss et al. 2015, S. 27).
- Ritualismus (passive Schulverweigerer*innen): Passive Schulverweigerer*innen erkennen den Zweck eines Schulbesuchs nicht. Sie gehen aus Gewohnheit zur Schule (vgl. Dunkake / Wagner / Weiss

et al. 2015, S. 27). Oft werden passive Schulverweigerer*innen zu aktiven Schulverweigerer*innen (vgl. Schreiber-Kittl / Schöpfer 2002, S. 82).

- Rebellion (Schulverweigerer*in aus Protest). Die Schulverweigerung gilt als Protest gegenüber den Mitteln oder Zielen der Schule. Die Rebellen suchen nach alternativen Mitteln und Zielen. Schulverweigerung ist der Ausdruck von Unzufriedenheit (vgl. Dunkake / Wagner / Weiss et al. 2015, S. 27).
- Sozialer Rückzug (totale Schulverweigerer*in): Für Merton ist totale Schulverweigerung durch sozialen Rückzug gekennzeichnet. Die totale Schulverweigerer*in befindet sich in einem Zustand der Lethargie. Es werden keine Alternativen gesucht und der soziale Rückzug kann mit Frustrationserlebnissen einhergehen (vgl. Dunkake / Wagner et al. 2015, S. 27).

3.3.3 Subjektive Theorie

Die Subjektive Theorie rekonstruiert die Innenansichten von Menschen und geht von der Annahme aus, dass die Befragten auch zur Erkenntnis fähig sind, nicht nur die Forschenden. In der ersten Phase finden Interviews statt, wobei die Befragten als Experte*innen fungieren. Dann folgt die Transkription der verbalisierten Inhalte. In der zweiten Phase werden die Inhalte zusammengefasst und miteinander logisch in Verbindung gebracht. Von der forschenden Person wird im gesamten Forschungsverlauf absolute Neutralität verlangt. Die Subjektive Theorie ist für Dunkake eine innovative Methode, mit dem Ziel strukturelle Abfolgen aus der Sicht der Befragten zu erheben. Sie eignet sich, ihrer Meinung nach, insbesondere zu Abbildung von Prozessen, verlangt aber von der forschenden sowie der befragten Person ein hohes Abstraktionsvermögen und hohe kognitive Kompetenzen (vgl. Dunkake 2017, S. 132 ff.).

Schulverweigerer*innen zeigen teilweise recht komplexe Argumentationsstrukturen, um das Fernbleiben von der Schule zu erklären (vgl. Oehme 2007). Der Einsatz dieser Methode könnte weitreichende Erkenntnisse liefern, „[…] die zu einer wichtigen Differenzierung dieses Forschungsfelder beitragen und die Vielfalt mit ihren Strukturen besser beleuchten können“ (Dunkake 2017, S. 137).

3.3.4 Systemtheorie

In der Systemtheorie wird Schulverweigerung als „Ausdruck zirkulärer Interaktionsstrukturen verschiedener sozialer und personaler autopoietischer Systeme gedeutet" (Bührmann 2017, S. 167).

Bührmann führte 2009 qualitative Studien mit über 40 Schulverweigerer*innen und 30 Pädagogen durch, um das Phänomen empirisch zu erfassen (vgl. Bührmann 2009). Die Studien ergaben, dass die Problemkonstruktion Schulverweigerung abhängig ist vom Weltbild des Beobachters. Schulverweigerung ist Ausdruck zirkulärer Interaktionsstrukturen und Abbild des Zusammenwirkens von Elementen im autopoietischen System (vgl. Bührmann / Boehmer 2016, S. 172 ff.).

Es gibt kein „Patentrezept" gegen Schulverweigerung. Lösungen sind nur bedingt vorhersagbar und planbar. Prozesse laufen zirkulär ab, Diagnosen und Interventionen sind Teil einer kontinuierlichen Schleife. Die „systemische Schleife" ist ein Prozessmodell, das auf Königswieser und Exner (2002) zurückgeht und die systemische Haltung veranschaulicht (vgl. Königswieser / Exner 2002, S. 24).

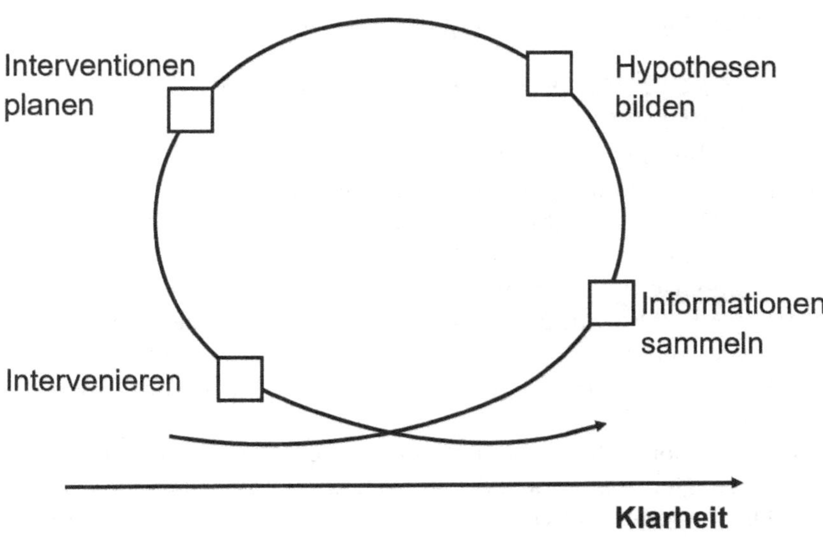

Abb. 2: Prozessmodell „systemische Schleife" (nach Königswieser / Exner 2002, S. 24)

Die Ursachen für Schulverweigerung können vielfältig sein. Die Türöffner sind konkrete Auslöser oder besondere Situationen. Sie öffnen in der zirkulären Schleife die Tür für neue Entwicklungen und Veränderungen. Sie laden zur Entscheidungsfindung und zu aktivem Handeln ein. Türöffner lösen Suchprozesse und Dynamiken aus. Das alte Muster, das zirkuläre Wirkungs- und Beziehungsgeflecht sowie die Kreisdynamik werden durch Türöffner durchbrochen und kreative und individuelle Lösungsfindungsprozesse initiiert (vgl. MACK 2016, S. 1 ff.).

Dysfunktionale Strukturen sind Teil einer Entwicklung (vgl. Bührmann 2017, S. 167 ff.). Wenn sich Lösungsversuche zu erstarrten Handlungsroutinen verfestigen, werden sie zu Lösungen erster Ordnung (vgl. Watzlawick / Weakland / Fisch 2013, S. 59 ff.) und zugleich Teil des Problems. Es entwickelt sich eine Dysfunktionalität. In dieser Wirkungsschleife bedarf es einer Verstörung (Perturbation), um Veränderungen auszulösen. Schulverweigerung kann als Störung auf diesen Gleichgewichtszustand eines Systems wirken und erforderliche Veränderungen und Prozesse auslösen, um einen neuen Gleichgewichtszustand herzustellen und neue Entwicklungs- und Veränderungsräume zu schaffen (vgl. Bührmann 2017, S. 167 ff.).

3.4 Schultheoretische Aspekte und Schulverweigerung

Die Schultheorie beschäftigt sich mit den unterschiedlichen Ausformungen und Fundamenten des schulischen Handelns (vgl. Winkel 1997, S. 22 ff.). Die Schule hat u. a. den gesellschaftlichen Auftrag Kenntnisse und kulturelle Werte zu vermitteln, gleichzeitig aber auch als pädagogische Einrichtung zu fungieren (vgl. Ricking / Dunkake 2017, S. 25 f.). Die schultheoretischen Ansätze befassen sich auch mit den strukturellen Problemen des Schulsystems. Der Entwicklungsstand und die Erfahrungs- bzw. Lebenswelten der Schüler*innen sind sehr unterschiedlich.

Durch Überforderungssituationen, Informations- und Reizüberflutung reagiert das Gehirn durch Distanz und Ausblenden von Dingen. Die Personen stehen „neben sich". Dieses Phänomen nennt sich Dissoziation. Schüler*innen und Lehrpersonen treten in solchen Situationen emotional aus dem schulischen Geschehen heraus, um sich zu schützen und einen Überblick zurückzugewinnen. In diesem

Trancezustand können auch die Ressourcen und Kompetenzen vorübergehend verschwinden (vgl. Herrmann, 2018, S. 120).

Ein strukturelles Grundproblem der Schule scheint zudem die fehlende oder geringe Passung zwischen den Erwartungen und Bedingungen des Schulsystems und den Bedürfnissen der Schüler*innen (vgl. Ricking/Dunkake 2017, S. 26). Die KiGGS- Studie (vgl. Studie zur Gesundheit von Kindern und Jugendlichen in Deutschland 2018, o. S.) belegt, dass 20,2 % der unter 18-Jährigen zur Risikogruppe „psychische Auffälligkeiten" gehört (vgl. Klipker/ Baumgarten et al. 2018, S. 37 ff.).

Für Groeben haben dauerhafte Versagenserlebnisse schädigende Auswirkungen auf die kindliche bzw. jugendliche Psyche (negatives Selbstkonzept und negative schulische Einstellung) sowie auf die Motivation. Ihrer Meinung nach ist es heutzutage von Schulen zu erwarten, dass die Kinder und Jugendlichen bedarfsgerechte und differenzierte Unterstützungsangebote erhalten, sodass jene Fach-, Sozial- und Selbstkompetenzen ausgebildet werden, die für ein selbstbestimmtes Leben und eine partizipierende Daseinsentfaltung benötigt werden (vgl. Groeben 2011, S. 14 ff.).

Voraussetzung hierfür ist die Passung als Leitziel. Bohnsack spricht von einer unzureichenden „[...] Passung von Institution und Klientel und der mangelhaften ‚Passung' von Lerngleichschritt und individuellen Lernmöglichkeiten, Interessen und Bedürfnissen" (Bohnsack 2013, S. 35).

Für Bohnsack stellt die Schule in ihrer jetzigen Form eine Gefahr für Versagen dar. Die Destabilisierung eines Kindes oder Jugendlichen durch Versagen gehört aufgrund der strukturellen Gegebenheiten zur Regelschule dazu (vgl. Bohnsack 2013, S. 238).

Die Schule verliert durch fehlende Passung viele Schüler. Sie verlieren die Freude am schulischen Tun, sehen keinen Sinn im Lernen und im Erkennen die persönliche Bedeutung von Lernhandlungen nicht (vgl. Helmke 1993 S. 77 ff.).

3.5 Interdisziplinärer Forschungszugang

Die theoretische Verankerung des Themas Schulverweigerung ist in der Wissenschaft noch nicht geklärt (vgl. Wagner 2007, S. 239 ff.).

Dies hängt mit der Komplexität des Phänomens zusammen. Die Thematik tangiert die Disziplinen Sozialpädagogik, Pädagogik, Psychologie, Soziologie sowie Politikwissenschaft. Darum können die

Bearbeitung und Auseinandersetzung mit dem Phänomen nur interdisziplinär erfolgen (vgl. Fahrenholz 2015, S. 17).

3.6 Aktuelle Studien

Die Anzahl der Studien weist darauf hin, dass das Interesse am Thema ab der Mitte der Neunzigerjahre stark angestiegen ist. Das Phänomen Schulverweigerung wird sowohl in der Forschung als auch in der breiteren Öffentlichkeit zunehmend verstärkt analysiert und diskutiert. Aufgrund der unterschiedlichen Erhebungsmethoden können die Ergebnisse der Studien jedoch nur bedingt verglichen werden (vgl. Goethe 2015, S. 75).

3.6.1 Studien über Mehrfachschwänzer*innen (2007–2012)

Studien aus Deutschland und der Schweiz, die im Zeitraum von 2007 bis 2012 durchgeführt wurden, ergaben, dass durchschnittlich 5–20 % der befragten Schüler*innen

Mehrfachschwänzer*innen, d. h. Schüler*innen die in einem Schulhalbjahr 5 Tage oder mehr schwänzen, sind (vgl. Speck 2017, S. 11).

Baier u. a. 2012, S. 132; Bund (Zahlen 2007/08)	• 44,8% aller befragten SchülerInnen geben an, dass sie im letzten Schuljahr schon 1 Mal gefehlt haben • 12,1% sind Mehrfachschwänzer (5 Tage und mehr)
Baier u. a. 2009, S. 76; Bund	• 51,6% aller befragten SchülerInnen geben an, dass sie im letzten Schuljahr schon 1 Mal gefehlt haben • 14,4% sind Mehrfachschwänzer (5 Tage und mehr)
Dunkake 2010, S. 228; Bund	• PISA: 1,8% der SchülerInnen haben in den letzten 14 Tagen mindestens 5 Schulstunden gefehlt (12,1% 1-5 Stunden)
Stamm 2009, S. 72; Schweiz	• 5,4% der befragten SchülerInnen haben in diesem Schuljahr schon mehr als 5 Mal gefehlt, 24,2% haben ab und zu gefehlt und 70,5% haben noch nie gefehlt
Präventionsrat Schleswig-Holstein 2007, S. 33 u. 49	• an Sonderschulen haben 20% und an Hauptschulen 13,2% der SchülerInnen mehr als 10 Fehltage im ersten Schulhalbjahr gefehlt
Baier u. a. 2010, S. 117, Sachsen-A.	• 39,6% aller befragten SchülerInnen geben an, dass sie im letzten Schuljahr schon 1 Mal gefehlt haben; 7,7% sind Mehrfachschwänzer
Baier/Rabold 2010, S. 129, Saarland	• 42,9% aller befragten SchülerInnen geben an, dass sie im letzten Schuljahr schon 1 Mal gefehlt haben; 11,2% sind Mehrfachschwänzer
Baier/Pfeiffer 2012, S. 132, Berlin	• 45,8% aller befragten SchülerInnen geben an, dass sie im letzten Schuljahr schon 1 Mal gefehlt haben; 15,3% sind Mehrfachschwänzer

Abb. 3: Ausgewählte Zahlen zum Schulabsentismus (nach Speck 2017, S. 11)

3.6.2 Explorative Pilotstudie (2016) Häufigkeit und Begründungen für Fehlzeiten

In einer explorativen Pilotstudie (Juni 2016) wurde die Auftrittshäufigkeit von Schulschwänzen, der angstbedingten Schulverweigerung und der Zurückhaltung durch Eltern untersucht. An der schriftlichen Fragebogenerhebung beteiligten sich 872 Schüler*innen aus drei niedersächsischen Sekundarschulen. 75 % der Befragten räumten ein, unautorisierte Fehlzeiten im Laufe des vergangenen Schulhalbjahres aufzuweisen. 66 % sprachen von unautorisierten Fehlzeiten, die in die Kategorie Schulschwänzen fallen. Jeder Dritte gab an, gelegentlich aus Angst (Prüfungsangst, Angst vor Schülern und Lehrpersonen u. a.), die Schule zu verweigern. 40 % der Befragten bestätigten, manchmal den Unterricht zu versäumen, weil sie in der Familie eine pflegende Tätigkeit übernehmen oder die Eltern das Kind oder den Jugendlichen zurückhalten (vgl. Rogge / Koglin 2018, S. 49).

Von den 788 Befragten gab nur jeder Vierte an, einzig aus Krankheitsgründen im vergangenen Schuljahr gefehlt zu haben. 55 % der Kinder und Jugendlichen bestätigten, manchmal nicht krankheitsbedingt gefehlt zu haben. 3,2 % der Befragten gaben an, dass ihre Abwesenheit im Unterricht nie gesundheitliche Ursachen hatte. Als Gründe für die Abwesenheit im Unterricht nannten diejenigen, die zu den Verhaltensmustern der Schulschwänzer zählen, folgendes: Müdigkeit (31 %), Schulunlust (38,3 %), der Unterricht ist langweilig (34,2 %), eine Abneigung gegen Unterrichtsfächer (28,3 %), Hobbys nachgehen (18,8 %), schlechter Unterricht (18,6 %), zu geringe Beachtung von den Lehrpersonen (17,7%), häufiges Fehlen der Lehrpersonen (16,8 %), der Unterrichtsbesuch ist sinnlos (13,6 %) (vgl. Rogge / Koglin 2018, S. 55 ff.).

3.6.3 Pisa Studie (Programme for International Student Assessment) 2012: Vergleich der Studienergebnisse Europäischer Staaten

Das Wirtschaftsprogramm der Europäischen Union – Europa 2020 – beinhaltet das Ziel, den Schulabsentismus zu reduzieren. Deshalb sind alle Mitgliedstaaten dazu aufgerufen, Präventions- und Interventionsmaßnahmen sowie Kompensationsprogramme zu initiieren und umzusetzen. Seit 2010 werden nationale Konzepte und Umsetzungsstrategien entwickelt, um das vorgegebene Ziel zu erreichen (vgl. Sälzer 2016, S. 3).

Die jüngsten Ergebnisse der Pisa-Studie 2012 belegen, dass das Phänomen Schulabsentismus in allen OECD-Staaten auftritt. Vergleicht man jedoch die Studien-Ergebnisse der einzelnen Staaten, so fällt auf, dass besonders in jenen Mitgliedsstaaten, deren durchschnittliches Kompetenzniveau niedrig ist, besonders massiv geschwänzt wird. Die Differenzierung des Ausmaßes (Schwänzen einzelner Unterrichtsstunden, Zu-spät-Kommen oder ganzer Tage schwänzen) ist wichtig, weil die Studienergebnisse hierzu unterschiedlich ausfallen. Nachfolgend ein Überblick über ausgewählte europäische Staaten zum Bereich „ganze Tage schwänzen“: 28% der Schüler*innen schwänzen in Spanien ganze Schultage, in Finnland sind es 10,4% in Österreich 8%, in Schweden 7,2%, in Deutschland 5,2% und in der Schweiz 5,0% (vgl. Sälzer 2016, S. 6 ff.).

Schulabsentismus in Europa: Zu spät kommen

Staat	Prozentuale Häufigkeit
Österreich.	20,9%
Deutschland	22,7%
Schweiz	24,3%
Spanien	35,3%
Finnland	43,0%
Schweden	45,6%

Abb. 4: Ergebnisse Pisa-Studie 2012 (nach Sälzer 2018, S. 14)

Schulabsentismus in Europa: Einzelne Stunden schwänzen

Staat	Prozentuale Häufigkeit
Deutschland	9,7%
Schweiz	10,6%
Österreich	12,8%
Finnland	15,6%
Schweden	20,5%
Spanien	32,3%

Abb. 5: Ergebnisse Pisa-Studie 2012 (nach Sälzer 2016, S. 14)

Schulabsentismus in Europa: Ganze Schultage schwänzen

Staat	Prozentuale Häufigkeit
Schweiz	5,0%
Deutschland	5,1%
Österreich Schweden	7,2%
Österreich	8,0%
Finnland	10,4%
Spanien	28,0%

Abb. 6: Ergebnisse Pisa-Studie 2012 (nach Sälzer 2016, S. 14)

3.7 Problemaufriss: Studien zur Schulverweigerung

Studien bilden nur partiell die Wirklichkeit ab. Dies ist auf mehrere Ursachen zurückzuführen, beispielsweise das mangelnde Beobachtung- und Registrierungsverhalten der Lehrpersonen, die zum Teil beschönigenden Antworten der Befragten oder die unklaren Rechtfertigungen der Eltern. Eltern decken mitunter das Fernbleiben (vgl. Barth 2015, S. 114).

> „Beispielsweise sagt eine Entschuldigung der Eltern, die das Fehlen eines Schülers wegen Krankheit begründet, recht wenig darüber aus, ob der Jugendliche wirklich krank ist." (Barth 2015, S. 114)

4 Schulverweigerung: Prävention, Intervention und Rehabilitation

„Lass dir aus dem Wasser helfen, sonst wirst du ertrinken!", sprach der freundliche Affe und setzte den Fisch behutsam auf den Baum."
(Anonymus)

Zielführende, individuelle und passgenaue Unterstützungsmaßnahmen sowie das Zusammenspiel von Prävention, Intervention und Rehabilitation sind im Umgang mit Schulverweigerung wirksam (vgl. Albers / Bolz / Wittrock 2018, S. 271).

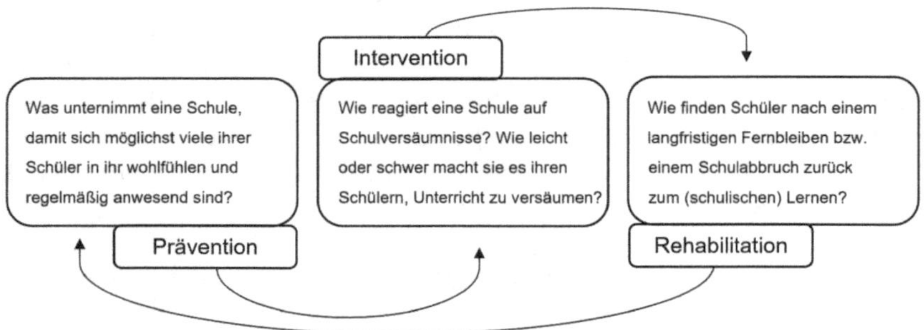

Abb. 7: Zusammenspiel von Prävention-Intervention-Rehabilitation bei Schulversäumnissen (nach Albers / Bolz / Wittrock 2018, S. 271)

4.1 Bedeutsamkeit schulischer Prävention

Bei der Prävention steht die beziehungs- und ressourcenorientierte Haltung im Vordergrund. Drei Ebenen stehen im Fokus von Präventivmaßnahmen, nämlich die organisatorische, die pädagogische und die unterrichtliche Ebene (vgl. Ricking 2014, S. 43 ff.).

Die pädagogische Ebene setzt sich mit pädagogischen Konzepten, mit der Vernetzung und Kooperation, mit dem Verhalten der Lehrpersonen und Führungskräfte, mit dem Verhalten der Kinder und Jugendlichen, mit dem Wohlbefinden und der Beziehungsgestaltung auseinander (vgl. Ricking 2014, S. 43 ff.).

Die unterrichtlichen Ebene legt den Fokus auf Unterrichtsmethoden und didaktische Entscheidungen wie die Partizipation, Selbstregulation oder Handlungsorientierung. Ebenso wichtig ist die Wahrnehmung, die Dokumentation und Analyse der Fehlzeiten, um Maßnahmen auf der organisatorischen Ebene ableiten zu können (vgl. Ricking 2014, S. 43 ff.).

Auf der organisatorischen Ebene geht es um die fortlaufende und systematische Erfassung von Schulversäumnissen. Monitoring ist ein zielführender Umgang beim Erfassen von Schülerfehlzeiten (vgl. Ricking / Albers 2019; S. 50).

Abb. 8: Präventionsebenen (nach Ricking 2014, S. 43)

4.2 Präventive Ansatzpunkte auf pädagogischer Ebene

4.2.1 Gegenstandsverständnis und Haltung

Lehrkräfte können präventiv agieren, indem sie ihre Haltung reflektieren, ein Gegenstandsverständnis entwickeln sowie den Kenntnisstand und die praktischen Handlungskompetenzen erweitern. Schulleitungen sollte bewusst sein, dass eine hohe Schulbesuchsquote zugleich ein Indikator für hohe Schulqualität ist. Eine lösungsorientierte und offene Einstellung der Schule ist gefordert (vgl. Wittrock/Ricking 2016, S. 84 ff.).

4.2.2 Fokus auf Fehlzeiten – Fallklärung und Warnsignale

Schulversäumnisse müssen von den Lehrpersonen verlässlich und kontinuierlich wahrgenommen und registriert werden. Nur so ist eine verlässliche Einschätzung der Schulverweigerung möglich, denn die Dunkelziffer der Fehlzeiten ist in vielen Schulen relativ hoch. Die Reaktionen auf Schulversäumnisse sind sehr wichtig, ansonsten machen die Schülerinnen und Schüler mit schulverweigerndem Verhalten die Erfahrung, dass sie genauso weitermachen dürfen. Schulverweigerung wird zum Moderator. Wirksam ist eine schulweite Entschuldigungsregelung, beispielsweise, dass erkrankte Kinder sofort am gleichen Morgen z. B. bis 9.00 Uhr telefonisch von den Eltern entschuldigt und abgemeldet werden. Die Schule hat den Auftrag, die Bedeutung der Anwesenheit der Kinder und Jugendlichen durch eine klare Haltung und eindeutige Reaktionen zu vermitteln (vgl. Ricking 2014, S. 59).

Eine gründliche individuelle Fallklärung und schulferne Genese sind sinnvoll (vgl. Ricking/Albers 2019, S. 41 f.).

Wird bei einem Kind oder Jugendlichen eine schulische Distanzierung beobachtet, so kann dies einer inneren Abwehrhaltung entsprechen. Erste Warnsignale sind Lernverweigerung, Gleichgültigkeit, Rückzug, wiederholtes Zuspätkommen, Unterrichtsstörungen oder Bagatellkrankheiten. Lehrpersonen sind in solchen Fällen gefordert frühzeitig einzuschreiten, eine Fallklärung einzuleiten und Interventionen zu initiieren (vgl. Schulze/Wittrock 2008, S. 219 ff.).

4.2.3 Mentoring

Mentoring ist eine wichtige Strategie, die laut internationalen Studien negativen Entwicklungen und schulische Desintegration vorbeugen kann. Ältere, erfahrene Personen unterstützen dabei jüngere Menschen (vgl. Ricking/Albers 2019, S. 45 f.).

Programme des Mentoring können, vor allem wenn sie über einen längeren Zeitraum andauern und auf einer guten Beziehung basieren, dazu beitragen, Fehlentwicklungen abzumildern oder vorzubeugen (vgl. Herrera et al. 2011, S. 346 ff.).

Begleituntersuchungen zum Mentoring Projekt BBBS (Big Brother Big Sisters) und Metaanalysen (vgl. Herrera et.al. 2011, S. 346 ff.) ergaben, dass die soziale Adaptionsfähigkeit durch Mentoring gestärkt wurde. Die an der Untersuchung teilnehmenden Personen besuchten häufiger und regelmäßiger die Schule und erbrachten bessere schulische Leistungen (vgl. Ricking/Albers 2019, S. 46).

Besonders wirkungsvoll ist Mentoring, wenn es über einen längeren Zeitraum hinweg durchgeführt wird, eine hochwertige Beziehung aufgebaut werden kann, ein regelmäßiger Kontakt zwischen Mentor und Mentee gepflegt wird und der Entwicklungsstand des Mentees sowie seine Entwicklungsziele zur Prozessgestaltung genutzt werden (vgl. Higley et al. 2016, S. 240 ff.).

4.2.4 Beratung

Schulverweigerer*innen und deren Eltern zeigen häufig einen großen Beratungsbedarf. Sie suchen nach Lösungen und benötigen Unterstützung und Informationen Beratung kann Betroffene bei der Entwicklung alternativer Verhaltensweisen unterstützen und ihre Handlungskompetenzen verbessern (vgl. Mutzeck 2014, S. 10 ff.).

4.2.5 Expert*innen im Kollegium

Um den fachlichen Kenntnisstand im Kollegium zu optimieren, ist es vorteilhaft Expert*innen auszubilden, die über Beratungskompetenzen verfügen und als Ansprechpartner*innen fungieren. Auch Fort- und Ausbildungen zur Thematik sind wirkungsvoll (vgl. Ricking/Albers 2019, S. 48).

4.2.6 Intensive Elternkooperation – Vernetzung

Die enge Kooperation u. a. zwischen Lehrpersonen und Eltern gilt als ein effektives Mittel zur Prävention von Schulverweigerung. Der regelmäßige Austausch, eine verbindliche vertrauensvolle Basis sowie Vereinbarungen können negative Kreisläufe unterbrechen und Entwicklungen einleiten (vgl. Schultz 2009, S. 277 ff.).

4.3 Präventive Ansatzpunkte auf unterrichtlicher Ebene

4.3.1 Partizipation

Ein wesentliches Ziel bei Schulverweigerung ist die Förderung der Partizipation. Hierbei geht es nicht nur um die physische Anwesenheit der Kinder und Jugendlichen sondern auch darum, Entwicklungs- und Lernprozesse im Unterricht und generell im Setting Schule zu ermöglichen und zu aktivieren (vgl. Ricking / Albers 2019, S. 39).

4.3.2 Beziehungsarbeit, soziale Einbindung und Sicherheit

Erfahrungen mit sogenannten Verweigerungsprojekten bestätigen die hohe Bedeutung und Wichtigkeit der Beziehung zwischen den Lehrpersonen und Kindern und Jugendlichen mit schulvermeidendem Verhalten. Lehrpersonen, die auf der Beziehungsebene wirken und agieren, achten auf ein optimistisches, wertschätzendes Auftreten, emotionale Aufgeschlossenheit. Sie bemühen sich um den Aufbau und die Entwicklung einer vertrauensvollen Beziehung zu den Kindern und Jugendlichen (vgl. Ricking / Albers 2019, S. 40).

> „Das Ausmaß der emotionalen Verbundenheit, der Ausdruck positiver Gefühle und die positive Kommunikation zwischen Pädagogen und Kind stehen im Zentrum der Unterstützung positiver Schüler-Lehrer-Beziehungen." (Bolz 2017, S. 16).

Eine wichtige Rolle in der Beziehungsarbeit spielt die Selbstreflexion der Lehrpersonen, das fortlaufende Hinterfragen der Selbstwahrnehmung sowie der eigenen Lehrkraftrolle. Ein tragfähiges Fundament für wirkungsvolle pädagogische Beziehungen ist die Umsetzung des Klassenlehrerprinzips (vgl. Ricking / Albers 2019, S. 40).

Grundlegende emotionale Bedürfnisse des Menschen sind das Gefühl der Zugehörigkeit und das Gemeinschaftsgefühl. Viele Schulverweigerer*innen fühlen sich nicht als ein Teil der Schulgemeinschaft. Dieses Gefühl der Abtrennung, der sozialen Ausgrenzung, der Unsicherheit wird von Menschen sehr negativ empfunden. Es aktiviert bedrückende Gefühle, wirkt negativ auf das Selbstwertgefühl, begünstigt antisoziales Verhalten und Depressionen. Mobbing und Bullying lösen dieselben Wirkungsdynamiken aus (vgl. Ricking / Albers 2019, S. 43 f.).

4.3.3 Kompetente Klassenführung – hochwertiger Unterricht

Der Zusammenhang zwischen Klassenführung, Unterricht und Schulverweigerung ist noch unzureichend beforscht. Für Ricking und Voigt spielt der Unterricht eine wesentliche Rolle bei Schulversäumnissen. Sie plädieren für einen Unterricht, der die Erfahrungswelt der Kinder und Jugendlichen einbezieht, die Mitgestaltung und Partizipation fördert und handlungsorientiert ist (vgl. Voigt / Ricking 2008, S. 29 ff.).

Ein abgesichertes Verfahren, das einen lernintensiven und störungsarmen Unterricht verspricht, ist die Methode des Classroom Managements (vgl. Hennemann / Hillenbrand 2007, S. 28 ff.).

4.3.4 Förderung der Sozialkompetenzen

Für die schulische Integration ist die Förderung der Sozialkompetenz unabdingbar. Kinder und Jugendliche, vor allem mit schulverweigerndem Verhalten brauchen zur gesellschaftlichen Integration kommunikative Fähigkeiten und ein breites Spektrum an Problemlösungsstrategien, damit Konflikte nicht eskalieren oder mit Vermeidung quittiert werden (vgl. Beelmann / Raabe 2007, S. 131 ff.).

4.3.5 Förderung der Selbstkompetenz

Die Selbstkompetenzen bzw. personalen Kompetenz werden von Bürgisser wie folgt erklärt:

> „Im Bereich der personalen Kompetenzen geht es […] um Selbstreflexion (eigene Ressourcen kennen und nutzen), Selbständigkeit (Schulalltag und Lernprozesse zunehmend selbständig bewältigen, Ausdauer entwickeln) und Eigenständigkeit (eigene Ziele und Werte reflektieren und verfolgen." (vgl. Bürgisser 2017, o. S.)

Die Förderung der Selbstkompetenz spielt für Schulverweigerer*innen eine tragende Rolle. Vor allem die Identitätsfindung, die Selbstbestimmung und aktive Daseinsentfaltung sind von großer Wichtigkeit (vgl. Ricking o. J., S. 7).

Identitätsfindung hängt mit dem Bewusstsein und der Entwicklung von Selbstgegebenheit und Selbstgestaltungsfähigkeit zusammen. Der Mensch kann dieses Bewusstsein dadurch entwickeln, dass er mitgestaltet und schöpferisch tätig ist (vgl. Waibl/Wurzrainer, 2016, S. 20).

Die Selbstgestaltung und das Bewusstsein der Selbstgegebenheit ermöglichen und entfalten einen freien Zugang zur Welt und zu sich selbst. Je klarer jemand davon weiß, desto begegnungs- und beziehungsfähiger wird er und desto vielfältiger sind seine Erlebnis- und Handlungsmöglichkeiten in der Welt und sich selbst gegenüber (vgl. Waibl/Wurzrainer, 2016, S. 20).

4.3.6 Förderung der Sachkompetenz und Lernerfolge

Erfolglose Schüler*innen sind vielfach auch außerschulisch großen Belastungen ausgesetzt. Sie empfinden die Schule als einen Ort des Versagens und neigen dazu, die häufigen negativen Rückmeldungen und Situationen zu vermeiden. Viele Kinder und Jugendliche mit schulvermeidendem Verhalten vermögen nicht, Wertungen des Nichtkönnens in ihr labiles Selbstkonzept zu integrieren und zweifeln vermehrt an ihrem Selbstwert. Schulverweigerer*innen benötigen deshalb eine individuell angepasste Unterstützung und fachliche schulische Rahmung, um Lernerfolge zu erzielen. Differenzierung, Veränderung der Bewertungsmodalitäten oder intensive Einzelförderung bzw. in Kleingruppen sind empfehlenswert (vgl. Ricking o. J., S. 13 ff.).

4.3.7 Förderung der Lebenskompetenzen

Lebenskompetenzen sind Fähigkeiten und Fertigkeiten, die Menschen dazu befähigen, das eigene Leben zu steuern und mit Veränderungen umzugehen. (vgl. WHO, 1994 S. 7).

Die Weltgesundheitsorganisation WHO (World Health Organization) hat zehn zentrale Kernkompetenzen im Rahmen der Lebenskompetenzförderung festgelegt, nämlich die Selbstwahrnehmung, die Empathie, die Fähigkeit zur Stressbewältigung, die Gefühlsbewältigung, die Kommunikationsfertigkeit, das kritische Denken, das kreative Denken, die Entscheidungsfähigkeit, die Problemlösefertigkeit sowie Beziehungsfähigkeit (vgl. WHO, 1994 S. 13 ff.).

Die Lebenskompetenzen bedingen sich gegenseitig. Das Fehlen bzw. Vorhandensein einer Kompetenz stärkt oder schwächt andere, bereits vorhandene Kompetenzen. Die einzelnen Lebenskompetenzen lassen sich nicht voneinander trennen (vgl. Suter et al. 2012, S. 7).

Die Förderung der Lebenskompetenzen ist für Schulverweigerer*innen sinnvoll, weil sie dadurch in ihrer selbstbestimmten Daseinsentfaltung und Bewältigung von unterschiedlichen Lebenssituationen gestärkt werden (vgl. Ricking o. J., S. 7).

Im Hinblick auf die Entwicklungsaufgaben in Kindheit und Jugend spielt die Stärkung der Lebenskompetenzen eine tragende Rolle, denn die erfolgreiche Lösung von Entwicklungsaufgaben führt zur Entwicklung von Kompetenzen und die Stärkung der Lebenskompetenzen wirkt auf die Lösung von Entwicklungsaufgaben. Lebenskompetenzen sind somit wichtig für die Zukunft, aber auch für anstehende Entwicklungsaufgaben, die bewältigt werden sollen. Zugleich werden durch die Entfaltung der Lebenskompetenzen Ressourcen erkannt und aktiviert, die zur Aufnahme weiterer Aufgaben befähigen (vgl. Flammer / Alsaker,2001 S. 63 ff.).

4.4 Präventive Ansatzpunkte auf organisatorischer Ebene

4.4.1 Monitoring von Abwesenheiten

Unter Monitoring versteht man alle Handlungen von Lehrpersonen, die der Auffassung von Abwesenheiten und Anwesenheiten von Schüler *innen dient. Ziel des Monitorings ist, Abwesenheiten strukturiert wahrzunehmen und Regelmäßigkeiten bzw. Muster von Schulversäumnissen zu erfassen. Durch die Erfassung kann der Prozess einer eventuellen Abkoppelung von der Schule frühzeitig erkannt werden. Die Machbarkeitsstudie INBAS (Institut für berufliche Bildung, Arbeitsmarkt- und Sozialpolitik in Deutschland) bestätigt jedoch, dass die alleinige digitale Erfassung nicht zu Veränderungen im pädagogischen Umgang führt (vgl. Ricking / Albers 2019, S. 52).

Das Monitoring sollte folgende Aspekte berücksichtigen:

- Anwesenheiten und Absenzen
- entschuldigte Fehlzeiten und unentschuldigte Abwesenheiten
- Verspätungen
- Rechtfertigungen der Abwesenheiten (vgl. Albers / Bolz / Wittrock 2018, S. 280 f).

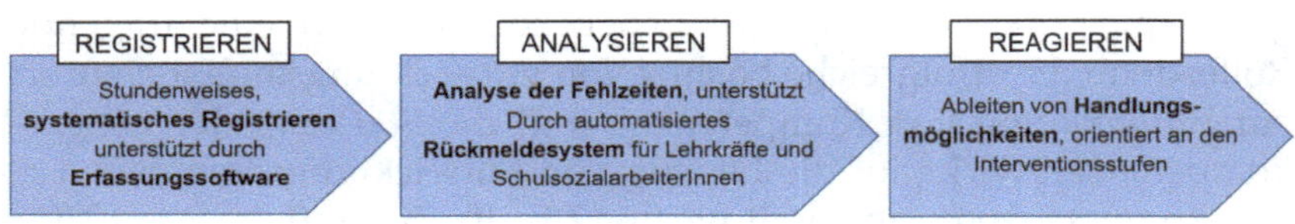

Abb. 9: Beispielverlauf der schulstundenbezogenen Erfassung von Schulversäumnissen (nach Albers / Bolz / Wittrock 2018, S. 281)

Ricking und Hagen haben ein Rahmenkonzept entwickelt, das auf dem, in den USA entwickeltem Ansatz RTI (Response-to-Intervention) aufbaut. Der Präventionsansatz wird auf mehreren Ebenen umgesetzt und impliziert passgenaue Unterstützungsmaßnahmen und Handlungen auf der selektiven universellen und indizierten Ebene. Ziel ist eine Prävention, die auf mehreren Ebenen intensive Interventionen umsetzt. Je öfter Schüler*innen die Schule verweigern, desto individualisierter bzw. intensiver sollten die Präventionsmaßnahmen sein. Die Unterstützungsmaßnahmen umfassen schulorganisatorische, diagnostische sowie didaktische Maßnahmen (vgl. Ricking / Hagen 2016, S. 92 f.).

Die nachfolgende Abbildung 10 bildet den Mehrebenen-Präventionsansatz ab:

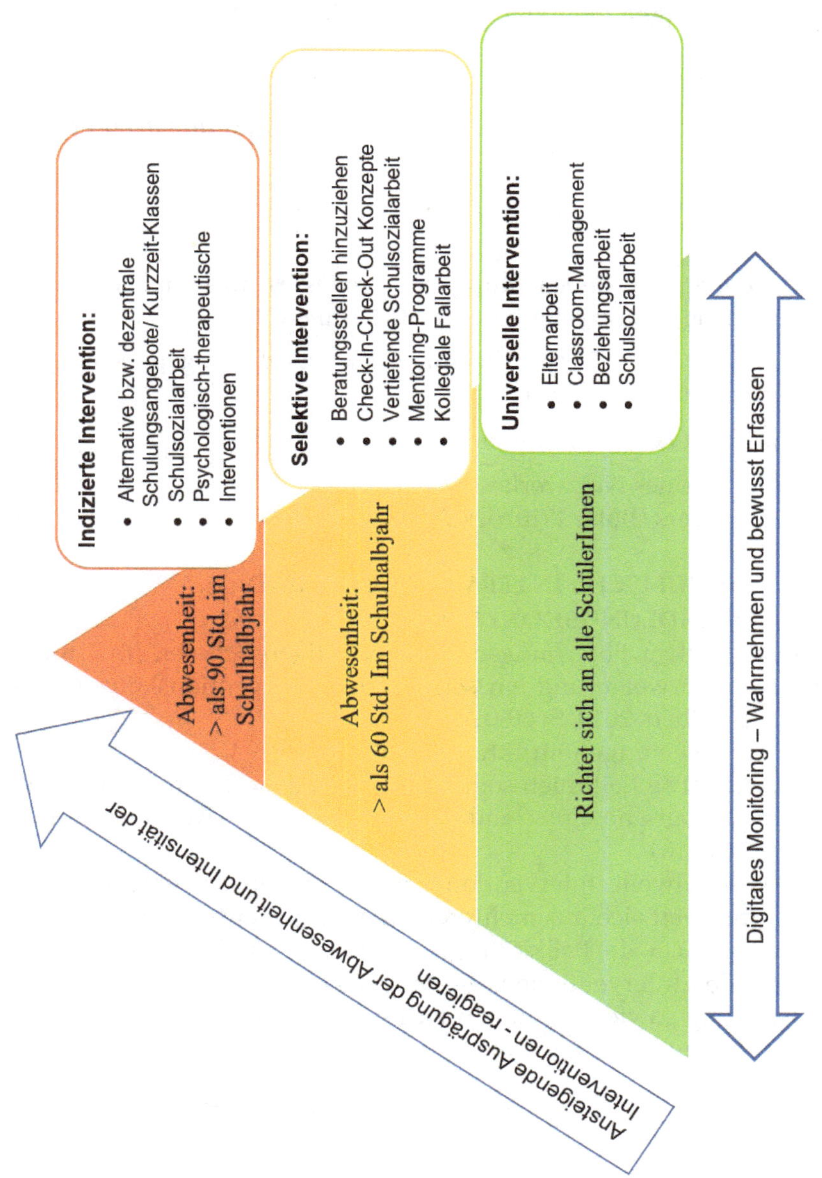

Abb. 10: Mögliches Rahmenkonzept unter Berücksichtigung eines Mehrebenen-Präventionsansatzes (nach Albers/Bolz/Wittrock 2018, S. 280)

Zielsetzungen der elektronischen Erfassungssysteme

- Strukturierte Erfassung von Abwesenheiten
- Differenzierung zwischen entschuldigtem und unentschuldigtem Fernbleiben
- Erfassen von Mustern und Unregelmäßigkeiten von Abwesenheiten
- Systematische Beobachtung des Prozesses im Hinblick auf eine mögliche Abkoppelung der Schüler*innen
- dokumentierte Gespräche mit Eltern, Beziehungspersonen und Kooperationspartnern
- individuelle Interventionsangebote
- Aufbau eines Netzwerkes
(vgl. Albers / Bolz / Wittrock 2018, S. 280 ff.)

4.5 Schulische Interventionen und Handlungskonzepte

Laut aktuellem Forschungsdiskurs benötigen Schulen im Umgang mit Schulverweigerung ein schulweites Interventionskonzept (vgl. Ricking / Albers 2019, S. 60 ff.).

Klare Regelungen strukturieren hierbei die Vorgehensweise bei Fehlzeiten. Die Leitlinien sollten aber genügend Raum für individuelle pädagogische Entscheidungen lassen (vgl. Ricking / Dunkake 2017, S. 119 ff.).

Das schulweite Interventionskonzept signalisiert eine klare Haltung und setzt sich aus mehreren Handlungsbausteinen zusammen. Es umfasst u. a. die Fallklärung, die Planung und Umsetzung von individuellen Interventionen, die Möglichkeiten der Kooperation und Vernetzung sowie Aktivitäten zu Reintegration der Schulverweigerer*innen (vgl. Ricking / Dukake 2017, S. 119 ff.).

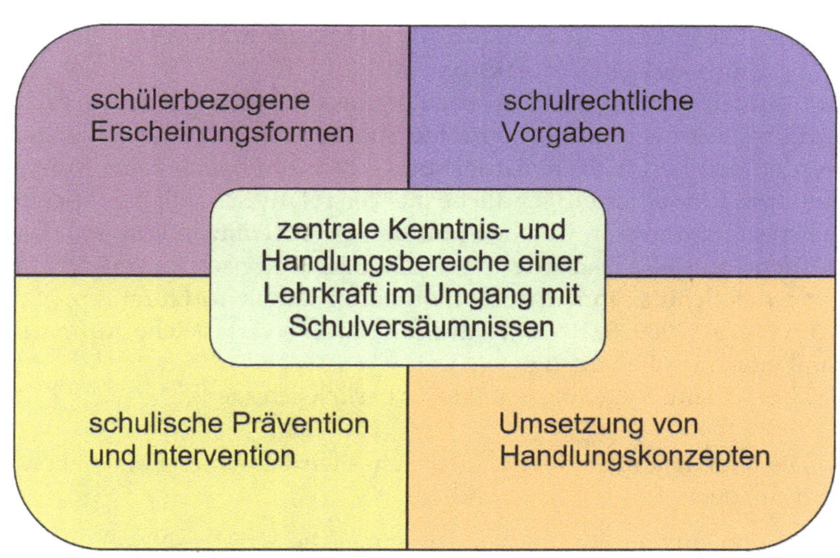

Abb. 11: Zentrale Bestandteile schulweiter Handlungskonzepte (nach Ricking / Albers 2019, S. 10)

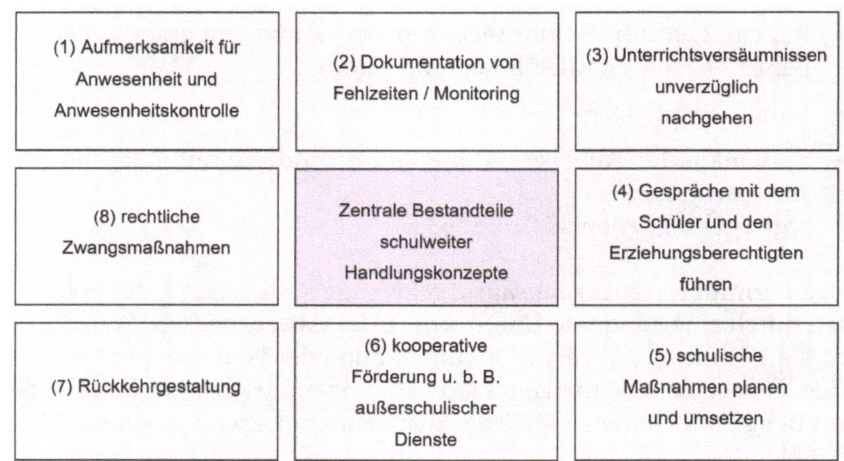

Abb. 12: Zentrale Bestandteile schulweiter Handlungskonzepte (nach Ricking / Albers S. 62)

4.5.1 Aufmerksamkeitskontrolle – Dokumentation – unverzügliche Reaktion

An Schulen wurde häufig beobachtet, dass Schulversäumnisse nicht auffallen, wenn es sich um einzelne Stunden handelt. Die Fehlzeiten werden dann oft nicht registriert und Absenzen haben keine Konsequenzen. Kinder und Jugendliche merken relativ schnell, bei welchen Lehrpersonen und in welchen Stunden sie schwänzen können, dass es nicht auffällt. Dadurch, dass schulische Konsequenzen fehlen, kann das Schüler*innen dazu motivieren, damit fortzufahren (vgl. Stamm et al. 2009, S. 109 ff.). Darum ist es eine verlässliche Aufmerksamkeitskontrolle wichtig.

Hierbei sind folgende Aspekte zu berücksichtigen:

- Die Bedeutsamkeit des Schulbesuches wird auf allen Ebenen kommuniziert
- Schüler*innen und Eltern werden über die Schulgesetzgebung informiert
- Schulinterne Abläufe bei Fehlzeiten werden klar und transparent vermittelt
- Genaue Überprüfung der Anwesenheiten mehrmals täglich
- Regelungen zur Kommunikation von Abwesenheiten zwischen Lehrpersonen, Schüler*innen und Eltern
- Monitoring-System
- Systematische Analyse, Aufbereitung und Kommunikation der Abwesenheiten
(vgl. Ricking / Albers 2019, S. 63 f.)

Baier ermittelte (2012) eine aussagekräftige Reduzierung der Fehlzeiten durch eine adäquate Überprüfung der Absenzen (vgl. Baier 2012, S. 37 ff.). Eine ausführliche Dokumentation der Fehlzeiten hat zudem den Vorteil, dass zeitnah ein klares Bild über die Abwesenheitsstruktur der Schüler*innen erstellt werden kann (vgl. Ricking / Albers 2019, S. 64).

Folgende Aspekte sind bei der Dokumentation von Fehlzeiten zu berücksichtigen:

- Eine digitale, hochwertige Dokumentation ist die Voraussetzung dafür, dass Abwesenheiten unter den Aspekten: Dauer, Häufigkeit, Wochentage bzw. spezifischer Schulstunden erfasst und systematisiert werden können.
- Die Abwesenheiten werden aufgrund der Zeitspanne analysiert (kurzzeitig, länger andauernd, intervallartig).
- Die spezifischen Situationen (u. a. Auslöser) werden überprüft und reflektiert
- Handlungsmaßnahmen werden überprüft und eine fachliche Einordnung (Erscheinungsform des Schulabsentismus) vorgenommen
  (vgl. Ricking/Albers 2019, S. 64 f.).

Die Schule soll auf unentschuldigte Absenzen unmittelbar reagieren:

- Sie nimmt sofort bei Abwesenheit Kontakt mit den Erziehungsberechtigten auf.
- Die Schule fordert von den Erziehungsberechtigten unverzüglich eine Stellungnahme an.
- Können die Eltern nicht erreicht werden, folgt eine schriftliche Information vonseiten der Schule.
- Ist in den folgenden Tagen noch kein Kontakt zu den Erziehungsberechtigten möglich, findet ein Hausbesuch statt.
- Alle pädagogischen Maßnahmen werden kurz dokumentiert (Fallbeschreibung)
  (vgl. Ricking/Albers 2019, S. 66).

4.5.2 Beratung – Gespräche

Ein regelmäßiger Informationsaustausch zwischen den Erziehungsberechtigten und der Schule ist Voraussetzung für Kooperation. Die Kommunikation kann beispielsweise über E-Mail-Kontakt, regelmäßige Telefonate oder Vermerke im Mitteilungsheft erfolgen. Folgende Aspekte sind für die Gespräche wichtig:

- die aktuelle Lebenssituation ist allen Gesprächspartnern bekannt
- die Gründe für die Fehlzeiten werden im Gespräch gemeinsam eruiert
- über die Haltung und schulische Einstellung wird reflektiert und informiert
- negative Rückmeldungen werden vermieden
- eine multiprofessionelle Kooperation sollte angedacht werden (vgl. Ricking/Albers 2019, S. 67).

4.5.3 Planung und Umsetzung schulischer Maßnahmen

Schulische Maßnahmen sollten in Kooperation mit den Kindern, Jugendlichen und Eltern erfolgen, hierbei werden Ressourcen, Verhaltensmotive und Risikofaktoren analysiert und aufeinander bezogen. Die Kombination von multimodalen Interventionen d. h. auf unterschiedlichen Ebenen, erhöht die Wirksamkeit. Die Interventionen sollten durch einen pädagogischen Vertrag mehr Verbindlichkeit erlangen. Erstreckt sich die Intervention über eine längere Zeitspanne ist ein Förderplan ratsam. Förderpläne beinhalten wichtige Informationen über die Ausgangslage, die Förderziele, dem Planungszeitraum, die geplanten schulischen Maßnahmen und Unterrichtsmethoden sowie eine Einschätzung des Lern- und Fördererfolgs. Die Zielsetzungen sollten mit dem Kind, Jugendlichen und den Eltern gemeinsam festgelegt werden. Entwicklungen sollen fortlaufend kommuniziert werden (vgl. Ricking/Albers 2019, S. 69).

Folgende Aspekte sind für Ricking und Albers (2019) wirkungsvoll:

- Zwischen den Erwartungen der Schule und den Möglichkeiten des Kindes bzw. des Jugendlichen sollte eine Passung geschaffen werden.
- Individuelle Verfahren sind wirkungsvoll.
- Verhaltensänderungen und veränderte Bedingungen werden schriftlich festgehalten.
- Schüler*innen und Eltern werden unterstützt, beispielsweise durch Beratung.
- Weitere Fachkräfte werden in den Lösungsprozess eingebunden.

- Positive Verhaltensweisen werden verstärkt.
- Ein Förderprogramms kommt zum Einsatz.
- Patenschaften, Buddy-Projekte sind förderlich. (vgl. Ricking / Albers 2019, S. 69 f.).

4.5.4 Kooperative Förderung

Die Schulen sind aufgrund der Komplexität des Phänomens mit vielen Problemlagen überfordert. Aus diesem Grund ist es von Vorteil, dass sich die Schulen vernetzen und mit außerschulischen Partnern kooperieren. Die interdisziplinäre Betrachtung ermöglicht eine ganzheitlichere und effektivere Förderung der Kinder und Jugendlichen mit schulvermeidendem Verhalten (vgl. Ricking / Albers 2019, S. 70 f.)

Folgende Aspekte sind bei kooperativer Förderung zu beachten:

Anfangs ist eine Anfrage zur Kooperation zu stellen. Anschließend folgt die Planung und Durchführung von Koordinierungstreffen zur gemeinsamen Entwicklung von Maßnahmen. Folgende Personen könnten am Treffen teilnehmen: die betroffene Person, Lehrpersonen, Beratungslehrperson, Führungskraft, Vertreter*innen des Jugendamtes, Pädiater*in, Schulpsycholog*in u. a. Die Ziele des Koordinierungstreffens könnten u. a. ein Clearing des jeweiligen Falles sein, die Organisation und Koordination der Maßnahmen, die Organisation außerschulischer Unterstützungen oder die gemeinsame Erarbeitung eines Förderplanes (vgl. Ricking / Albers 2019, S. 71 f.).

4.6 Rückkehrgestaltung – Rehabilitation

Wenn Kinder und Jugendliche für einen längeren Zeitraum die Schule verweigern, so ist die Rückkehrgestaltung eine zielführende Aufgabe der Schule. Grundsätzlich ist eine angenehme Aufnahme wichtig. Aversive Stimuli sollen vermieden werden. Die Lehrpersonen bereiten die Mitschüler*innen auf die Rückkehr vor und entwickeln fallgerechte Integrationsstrategien. Alle zuständigen Lehrpersonen setzen dieselben Strategien um. Mit den Rückkehrwilligen können im Vorfeld Gespräche geführt werden, bei denen Wünsche, Befürchtungen und konstruktive Verhaltensmöglichkeiten thematisiert werden (vgl. Ricking / Albers 2019, S. 48).

Einige Schüler verlängern die Abwesenheiten, weil sie Angst vor der Situation haben, wenn sie wieder zur Schule gehen. Oft müssen

Betroffene viel Energie und Kraft zur Überwindung dieser Angst aufbringen. Viele Kinder und Jugendliche haben Angst, bloßgestellt zu werden oder haben die Befürchtung, dass sie dem Unterricht nicht folgen können (vgl. Ricking / Albers 2019, S. 16 ff.).

Darum ist es wichtig, darauf zu achten, dass die Betroffenen bei der Rückkehr freundlich aufgenommen werden. Der regelmäßige Kontakt mit den Eltern ist vor allem in der ersten Phase der Rückkehr sehr wichtig. Nach dem ersten Tag sind stabilisierende schulische Maßnahmen von großer Wichtigkeit. Möglichkeiten sind hierbei eine häufige Kontaktaufnahme mit dem Schüler, das Führen von Einzelgesprächen, Beratung sowie Fördermaßnahmen, um den versäumten Lernstoff nachzuholen usw. (vgl. Ricking / Albers 2017, S. 48 ff.).

Für die Eingliederung von Schulverweigerer*innen sind folgende Aspekte wichtig:

- Das Umfeld soll für die Ängste des betroffenen Kindes bzw. Jugendlichen sensibilisiert werden.
- Vorabgespräche mit den Kindern und Jugendlichen sollten erfolgen.
- Planung und Vorbereitung des ersten Schultages nach der Rückkehr ist wichtig.
- Ein durchgehender Kontakt mit den Eltern z. B. Arbeitsbündnis oder positive Erwartungshaltung ist empfehlenswert.
- Mit den Betroffenen sollten regelmäßig Gespräche geführt werden. Kontakt halten ist wirkungsvoll
  (vgl. Ricking / Albers 2019, S. 74.).

5 Alternative Beschulungseinrichtungen – Projekte

Schüler*innen mit starker Entkoppelung, einer hohen Anzahl an Abwesenheiten und folglich einem erhöhten Förderbedarf, erhalten in alternativen Beschulungseinrichtungen oder durch die Teilnahme an „Verweigerer*innenprojekten" eine neue Chance der Wiedereingliederung (vgl. Ricking/Albers 2019, S. 77 f.).

In vielen alternativen Beschulungseinrichtungen gibt es eine dreigliedrige Angebotsstruktur, nämlich die Umsetzung von individualisierter Unterrichtsgestaltung und differenzierten Lernformen, die Berücksichtigung der Bedürfnisse und Interessen der Jugendlichen sowie eine sozialpädagogische Förderung durch Projekte mit berufsorientierten Lernangeboten (vgl. Ricking 2014, S. 127 ff.).

Der sozialpädagogische Bereich umfasst die Auseinandersetzung mit den Lebensproblemen, die Entwicklung der Sozialkompetenzen sowie die Erweiterung der Perspektiven der Kinder und Jugendlichen. Im lernpädagogischen Bereich geht es um die Lebensweltorientierung, transparente Unterrichtsgestaltung, Klarheit, Kleingruppenarbeit und die Entwicklung neuer Fähigkeiten und Kompetenzen. Auf der Ebene der berufs- und werkpädagogischen Arbeit geht es um die Vermittlung von handwerklichen Grundlagen, um die Entdeckung von Kompetenzen und Interessen sowie um die Vorbereitung auf das Berufsleben (vgl. Popp 2007, S. 25 ff.).

6 Verknüpfung von Schulverweigerung und Entwicklung

„Hoffnungen und Erwartungen sind signifikante Faktoren für Veränderungen und haben einen großen Einfluss auf das zukünftige Geschehen."
(Sue Young 2015, S. 115)

6.1 ENTWICKLUNGSMODELLE ZUR SCHULVERWEIGERUNG

6.1.1 Entstehungsmodell von Schulverweigerung (Barth)

Abb. 13: Entstehungsmodell von Schulverweigerung (Quelle: Barth 2015, S. 120)

Das Modell von Barth lehnt an das psychiatrische Vulnerabilitäts-Stress-Modell an. Intrapersonale oder umweltbedingte Faktoren können zu einer erhöhten menschlichen Verletzlichkeit (Vulnerabilität) führen und in Wechselwirkung mit innerem und äußerem Stress eine Verhaltens- oder Krankheitsmanifestation verursachen. Schulverweigerung wird als Verhaltensmanifestation gesehen, die sich durch das Zusammenwirken von psychosozialen Faktoren im Vorfeld entwickelt hat bzw. dadurch verstärkt wurde (vgl. Barth 2015, S. 120 f.).

Psychosoziale Faktoren sind für Barth u. a.:

- Erwartungsängste wie Angst vor Tests, Schularbeiten oder den Mitschüler*innen
- Schwierigkeiten, vereinbarte Regeln einzuhalten

- Probleme im Elternhaus, beispielsweise durch hohe Aufgabendichte, durch das Übernehmen von Verantwortung für Eltern oder symbiotische Beziehungen
- soziale Unsicherheit
- geringe Frustrationstoleranz und Anstrengungsbereitschaft beispielsweise bei der Erledigung von Hausaufgaben und Arbeitsaufträgen
- geringe Strukturierung und Rhythmisierung des Tages
- soziale Risikogruppe
  (vgl. Barth 2015, S. 120 f.).

Die Auslöser für Schulverweigerung können u. a. Misserfolge in der Schule, Konflikte mit Lehrer*innen und Mitschüler*innen, Überforderung durch familiäre Konflikte, mangelnde familiäre Unterstützung oder ein Schulwechsel bzw. Wohnortwechsel sein (vgl. Barth 2015, S. 120 f.).

6.1.2 Zyklus aus Schulabsentismus und Schuldropout (Seeliger)

Für Seeliger ist Schulverweigerung ein Prozess, der sich im Laufe der Zeit entwickelt und nicht plötzlich entsteht. Der Zyklus ist ein sich selbst verstärkender Kreislauf, dem ein chronischer Charakter zugrunde liegt (vgl. Seeliger 2015, S. 28 f.).

Schulverweigerer*innen haben, die Schwierigkeit, die versäumten Lerninhalte nachzuarbeiten. Kommen die Schulverweigerer*innen wieder in Schule, fehlen ihnen diese Inhalte. Eine aktive Mitarbeit und Teilnahme am Unterricht sind nach der Rückkehr sehr schwierig. Das Erledigen von Arbeitsaufträgen fällt schwer, die Beteiligung an Klassengesprächen ist nur begrenzt möglich und die Wissens- und Verständnislücken können zu negativen Resultaten bei Tests oder Klassenarbeiten führen. Nach der Rückkehr bleiben die Lernerfolge und die verstärkenden Effekte aus. Diese Tatsachen tragen dazu bei, dass sich die dargestellte Spirale entwickelt und sich die negative Einstellung zur Schule verstärkt. Die Schule wird zunehmend als Ort der Unlust, der Überforderung und Frustration erlebt und wahrgenommen (vgl. Seeliger 2015, S. 29 f.).

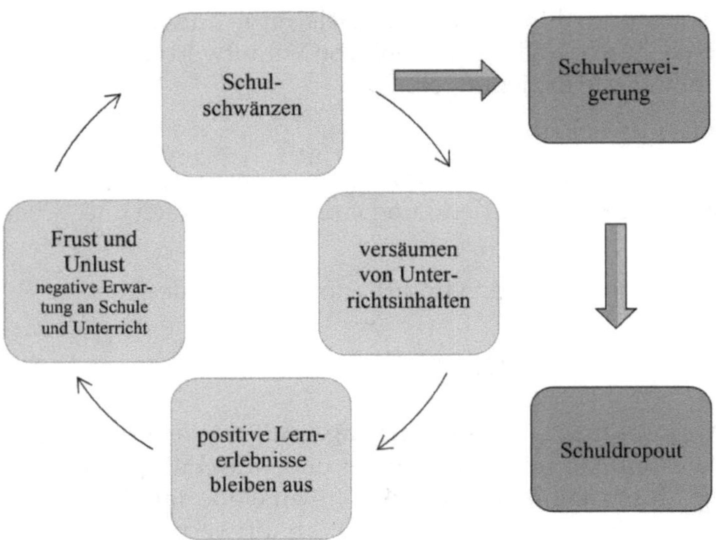

Abb. 14: Zyklus aus Schulabsentismus und Schuldropout
(nach Seeliger 2015, S. 30)

6.1.3 Schulabsentismus – ein sich zuspitzender Entwicklungsprozess (Ricking)

„Indikatoren des Sich-unwohl-Fühlens in der Schule scheinen ein starker Beweggrund für Absentismus zu sein."
(Sälzer 2010, S. 197)

Schulverweigerung ist ein Prozess, der mit zunehmender Schul-Entfremdung und Eskalation einhergeht. Zu Beginn wirken einzelne unangenehme schulische Erfahrungen, die von negativen Emotionen begleitet werden (vgl. Beekhoven a. Dekkers 2005, S. 195 ff.).

Diese lösen bei den Kindern und Jugendlichen Unzufriedenheit und eine Abwehrhaltung aus. Diese Haltung verstärkt noch zusätzlich das demotivierende Versagenserlebnis. Die Schule wird von den Kindern und Jugendlichen mit negativen Gefühlen verknüpft. Es entwickelt sich eine schulaversive Haltung (vgl. Sälzer 2010, S. 191 ff.).

Kognitive Dissonanzen führen zur Abwertung der Schule (vgl. Ricking/Albers 2019, S. 32).

Der Prozess beginnt relativ früh. Das nachlassende schulische Engagement ist das erste Anzeichen. Wenn sich die Rahmenbedingungen nicht ändern, verfestigt sich diese Erscheinungsform. Der mangelnde Einsatz der Schüler*innen wirkt sich ungünstig auf die Beziehung zur Lehrperson und zu Mitschüler*innen aus. Häufig kommt es in dieser Phase zu mehrfachen Konflikten. Die Kinder und Jugendlichen beginnen vor diesem Hintergrund das erste Mal mit dem Schwänzen. Dadurch erreichen sie emotionale Entlastung und haben nicht selten auch am Vormittag subjektiv befriedigende Situationen und attraktivere Alternativen (vgl. Ricking 2014, S. 10 ff.).

Dropout ist laut Hickmann der Endpunkt der „Abwärtsspirale" aus Demotivation, Leistungsversagen, Vermeidung und Perspektivlosigkeit (vgl. Hickmann et al. 2008, S.3 ff.).

In Anlehnung an Lee und Burkam (vgl. Lee/Burkam 2003, S. 353 ff.) unterscheidet Ricking zwischen Pull- und Push-Faktoren bei Schulversäumnissen (vgl. Ricking 2014, S. 13).

Schulische Bedingungen und Faktoren, die Schulverweigerung begünstigen und verstärken werden als („push-effects") definiert. Bedingungen außerhalb der Schule, die Kinder und Jugendliche anziehen, werden als „pull-effects" bezeichnet. „Push-effects" sind beispielsweise mangelnde Anerkennung der Schüler*innen, geringe Wertschätzung, keine Partizipation bzw. Mitentscheidung oder geringes Kompetenzerleben. „Pull-effects" sind die angeblich attraktiveren Faktoren außerhalb der Schule, die Schulverweigerung verstärken, beispielsweise länger zu schlafen zu können oder sich mit anderen Schulverweigerer*innen zu treffen (vgl. Ricking 2014, S. 13).

Wenn es in dieser Phase nicht gelingt, die Entkoppelung von der Schule zu stoppen und die Kinder und Jugendlichen wieder stärker an die Schule zu binden, dann ist eine Rückführung sehr schwierig. Präventiv geht es darum, eine Chronifizierung des Teufelskreises Versagen und Vermeiden zu verhindern, denn die schulablehnende Haltung wird kontinuierlich aufgebaut (vgl. Ricking 2014, S. 12).

Eine Möglichkeit ist, an den Beziehungsqualitäten zu arbeiten und die Anbindung an die Schule systematisch zu verstärken. Die systematische Verstärkung kann beispielsweise durch Partizipation, Lob, Aufmerksamkeit, Belohnung erfolgen (vgl. Ricking 2014, S. 91 ff.).

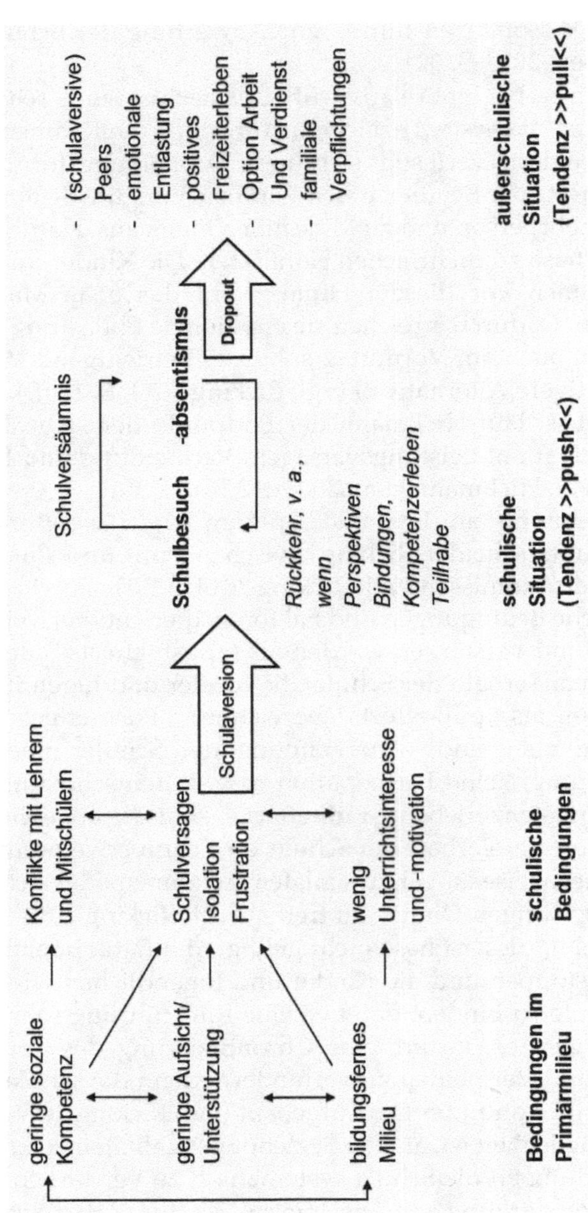

Abb. 15: Entwicklungsmodell Schulabsentismus/Dropout (Ricking 2006) (nach Ricking/Albers 2019, S. 34–35)

6.2 Schulverweigerung als Entwicklungsphase – typisches Handeln

6.2.1 Die Konzeption der Entwicklungsaufgaben

Kinder und Jugendliche haben vielfältige Entwicklungsaufgaben. Für Eschenbeck und Knauf sind wichtige Entwicklungsaufgaben der Jugendlichen der Schulabschluss, die Berufswahl, die Identitätssuche, die Auseinandersetzung mit der eigenen Persönlichkeit, Autonomiebestrebungen, die Loslösung von den Eltern, Verantwortung übernehmen, Selbstständigkeit oder das Entwickeln eigener Werte und Normen (vgl. Eschenbeck/Knauf 2018, S. 24 ff). Der deutsche Wissenschaftler Klaus Hurrelmann sieht die Entwicklungsaufgaben als Herausforderungen, die jeder Mensch im Laufe seines Lebens bewältigen muss (vgl. Hurrelmann 2002, S. 35). Dabei geht es um die produktive Auseinandersetzung mit der inneren und äußeren Realität und um die Bewältigung der jeweiligen Entwicklungsaufgaben (vgl. Hurrelmann 2013, S. 87 f., zit. nach Abels/König 2016, S. 178).

> „Unter Bewältigung wird ein Prozess verstanden, der einsetzt, wenn ein Jugendlicher oder eine Jugendliche sich Anforderungen und Belastungen gegenüber sieht, die für ihn oder sie große Wichtigkeit haben." (Seiffge-Krenke 1995, zit. nach Hurrelmann 2007, S. 60)

Für Eschenbeck und Knauf bestimmen letztlich die Belastungsmöglichkeiten und die Ressourcen eines Menschen, ob die Entwicklungsaufgabe eine Anforderung ist oder zur Belastung wird (vgl. Eschenbeck/Knauf 2018, S. 35). Coleman ist der Auffassung, dass Entwicklungsaufgaben zur Belastung werden, wenn Entwicklungsaufgaben parallel bewältigt werden (vgl. Coleman 1989, S. 43–56).

Belastend, problematisch und als Überforderung wird eine Entwicklungsaufgabe dann empfunden, wenn die nötigen Ressourcen Kompetenzen oder Bewältigungsmöglichkeiten fehlen oder Entwicklungsaufgaben zu früh gelöst werden (vgl. Eschenbeck/Knauf 2018, S. 35).

6.2.2 Entwicklungsverlauf und Entwicklungspotential

Entwicklung verläuft nicht kontinuierlich. Immer wieder treten kritische oder innovative Prozesse auf. Einzelne Verhaltensweisen verändern sich, Abbau- und Wachstumsprozesse treten ein. Durch diese

Veränderungen können Divergenzen innerhalb eines Entwicklungsabschnittes oder der gesamten Entwicklungsdimension entstehen, die entwicklungsfördernd oder entwicklungshemmend wirken. Jede Person nützt diese Herausforderungen individuell. Die Entwicklungspsychologie ordnet jedem Abschnitt besondere Herausforderungen und Entwicklungsaufgaben zu. Es gibt aber auch Entwicklungsaufgaben außerhalb der Zeitfenster, wie beispielsweise die Aneignung persönlicher Kompetenzen. Hier wird von lebenslangem Lernen und von einer Plastizität der Entwicklung gesprochen (vgl. Fischer 2001, S. 110 ff.).

Im Jugendalter und zu Beginn des Erwachsenenalters werden in der Soziologie u. a. fünf alterstypische Entwicklungsaufgaben aufgezeigt, nämlich Abschluss der Schule, Anfang der Berufstätigkeit, Verlassen des Elternhauses sowie Heirat und das erste Kind. Für die Realisierung der Entwicklungsaufgabe Abschluss der Schule steht ein begrenztes Zeitfenster zur Verfügung (vgl. Fischer 2001, S. 109 ff.).

> „Typisch für das Jugendalter ist, dass die Heranwachsenden Settingwechseln nicht immer nur ausgeliefert sind, sondern sie auch selbst aktiv betreiben und sich somit ihre eigene Umwelt und die damit verbundenen Entwicklungsanregungen schaffen." (vgl. Rauh 2017, S. 236)

Sie suchen sich eine Anregungswelt, die zu ihnen passt (vgl. Rauh 2017, S. 236).

Für Csikszentmihalyi entsteht durch Passung Flow (vgl. Csikszentmihalyi, 2015). Flow ist der wichtigste Anreiz des Menschen zu arbeiten, kreativ zu sein und das Entwicklungspotential zu entfalten und zu nutzen. Passung fördert folglich die Nutzung des Entwicklungspotentials und aktiviert Entwicklung (vgl. Dreher 2015, o. S.).

Dreher unterscheidet in diesem Zusammenhang zwischen einem geschlossenen und einem offenen Raum der Entwicklung. Der geschlossene Raum beinhaltet die entwicklungsgemäße Anpassung an die bereits vorhandenen Entwicklungslage. Der freie Raum hingegen umfasst das Entwicklungspotential, das durch Passung, im Sinne einer Generierung von Bedingungen, aktiviert wird. Der freie Raum ist die Zone der nächsten Entwicklungsschritte und der Veränderung und zugleich das Entwicklungspotential (vgl. Dreher 2015, S. 15).

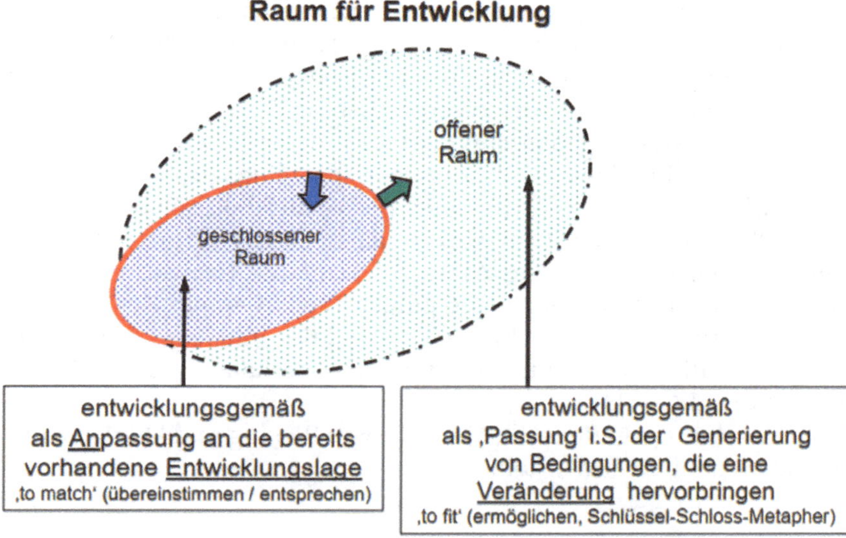

Abb. 16: Raum für Entwicklung (nach Dreher 2015, o. S.)

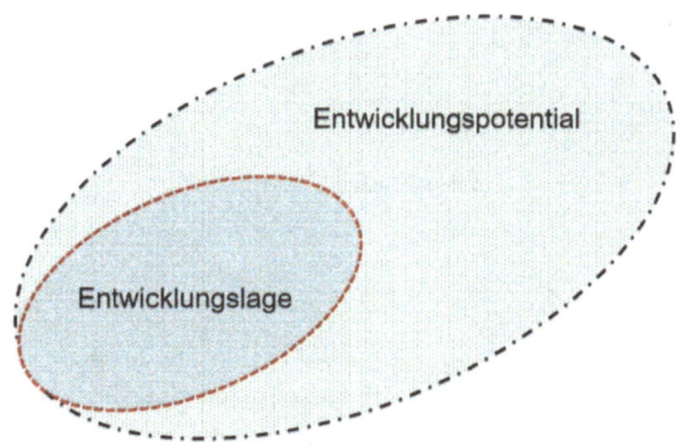

Entwicklungsorientiertes Lernen **Stufen der Unterstützung** (Rogof, 1990) ➢ Auf Fortschritte des Kindes achten! ➢ Die Hilfestellung an die Leistung des Kindes anpassen.	**Konzept der proximalen Entwicklung** **Zone nächster Entwicklung** (Wygotski, 1987) ➢ Entdeckungslernen unter Anleitung ➢ ‚gelenkte Teilhabe´ (scaffolding)

Abb. 17: Begleitung von Entwicklungsprozessen (nach Dreher 2015, o. S.)

6.2.3 Schulverweigerung als Entwicklungshandeln

Aus der Perspektive einer Schulverweigerer*in kann Schulverweigerung als eine Form der Problemlösung gesehen werden (vgl. Heckner 2012, S. 148). Die Schulverweigerung ist ein Bewältigungsversuch, der dem entwicklungsphasentypischen Problemhandeln entspricht. Das jugendliche Entwicklungshandeln hat einen selbstregulatorischen Charakter. Durch Aktivitäten, die sie auf die Umwelt oder auf sich selbst lenken, bemühen sie sich, einen ausbalancierten Zustand herzustellen, wobei sie die Aktivitäten auf die Umwelt oder sich selbst beziehen. Entsteht für die jungen Menschen ein Zustand der Unzufriedenheit oder Ablehnung (Disaffektion), so reagieren Kinder und Jugendliche mit schulvermeidendem Verhalten (vgl. Ricking/Dunkake 2017, S. 33 f).

In Anlehnung an Reid (1986) wurde von Ricking und Dunkake folgendes Schaubild entwickelt:

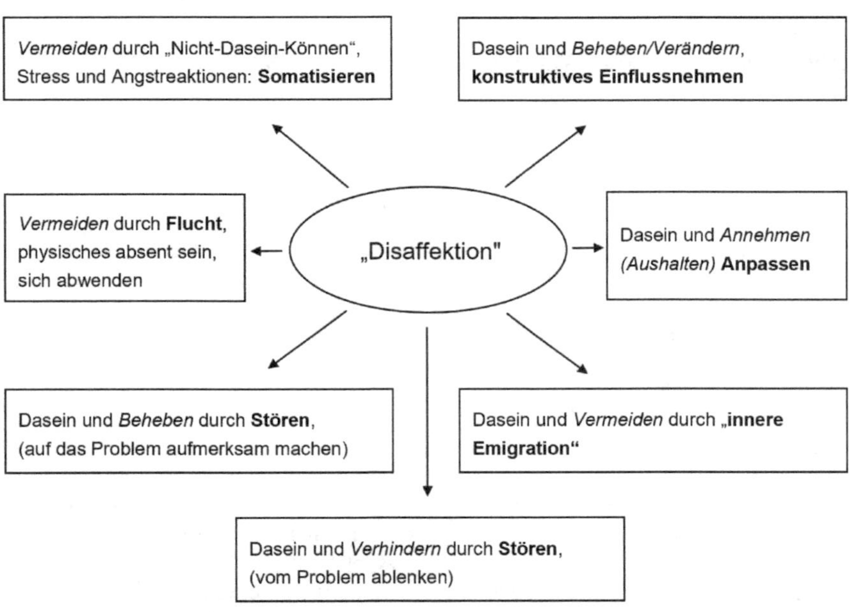

Abb. 18: Umgang mit Disaffektion (nach Ricking/Dunkake 2017, S. 34)

Mit dem Phänomen Disaffektion gehen Kinder und Jugendlichen unterschiedlich um. Die Strategien sind sehr unterschiedlich:

- Aushalten / Annehmen: Die Situation wird akzeptiert. Diese Problemlösungsstrategien erfordert eine sehr hohe Frustrationstoleranz.
- Verhindern: Die negative Situation wird durch provokantes Verhalten oder Verweigerung verhindert.
- Beheben / Verändern: Das Ziel der Akteure ist, die Problemsituation konstruktiv zu verändern.
- Vermeiden: Die belastende Situation wird verlassen (vgl. Ricking / Dunkake 2017, S. 34 ff.).

Viele Kinder und Jugendliche mit schulvermeidendem Verhalten versuchen nicht, den inneren Konflikt zu lösen bzw. die Situation in der Schule zu verbalisieren. Sie ziehen sich zurück und brechen den Kontakt ab (vgl. Ricking / Dunkake 2017, S. 34 ff.).

Längerfristig gültiges Handlungswissen und Orientierung ist in der heutigen schnelllebigen Zeit nicht mehr möglich. Kinder und Jugendliche mit schulverweigerndem Verhalten brauchen dies besonders. Darum ist es wichtig, dass sie einen inneren Kompass herausbilden, der sie zur Selbststeuerung befähigt (vgl. Opp / Fingerle 2008, S. 7 ff.).

6.2.4 Entwicklung durch Passung

Schulverweigerer*innen können in ihrer Entwicklung dadurch gestärkt werden, dass sie ihre Potenziale entfalten und vorhandene Ressourcen nutzen. Ohne Passung erreichen Entwicklungs- und Lernprozesse jedoch nicht die gewünschte Wirksamkeit (vgl. Ricking / Dunkake 2017, S. 31).

Traditionell wird eine einseitige Anpassung der Schüler*innen an die Schule gefordert. Normative, räumliche und zeitliche Strukturen werden vorgegeben und die Möglichkeiten der individuellen Ausgestaltung sind meist sehr eng. So gelingt Passung nicht. Erst die Öffnung und die Anpassung der Schule an die Bedürfnisse der Schüler*innen ermöglicht wechselseitige Passung (vgl. Ricking / Dunkake 2017, S. 36).

> „Ferner hängt ein Gelingen der Passung nicht von den institutionellen Strukturen der Schule generell ab, sondern vom individuellen Lehrer, auf den der Heranwachsende trifft und den er sich nicht aussuchen kann, sowie von der besonderen Lerngruppen und Schule: unter den einen Bedingungen lebt und überlebt der Schüler, unter anderen nicht." (Bohnsack 2013, S. 21)

6.3 Schulverweigerung und Aktivierung von Entwicklung durch Passung

Jeder Mensch hat das Recht auf Bildung (vgl. Allgemeinen Erklärung der Menschenrechte, Vereinte Nationen, Art. 26, Abs. 1). Vielfach wird der Schulbesuch jedoch nicht als ein Recht der Kinder und Jugendlichen betrachtet, sondern als ihre Pflicht. Das primäre Ziel ist oft nicht die freie individuelle Forderung der Heranwachsenden, sondern die Heranführung an Wissensinhalte und Deutungsmuster, die in der Gesellschaft als unverzichtbar gelten (vgl. Hoffmann 2017, S. 158).

Schulverweigerung ist für Bernhard ein Symptom dieser Diskrepanz, von dem was Heranwachsende brauchen und dem, was die Gesellschaft vorgibt. Schulverweigerung ist Abbild der strukturellen Unfähigkeit unserer Gesellschaft, den Heranwachsenden zu begegnen und ihnen eine human-emanzipative Grundlage für ihre Entwicklung und Sozialisation zu gewährleisten (vgl. Bernhard 2017, S. 13).

> „Kindheit und Jugend sind elementare Phasen der Subjektwerdung und die Institution, die diese Phasen über einen längeren Zeitraum begleitet und mitgestaltet, die Schule, sagt in ihrer Anlage und Ausgestaltung sehr viel über die Qualität des Umgangs der Gesellschaft mit diesen Entwicklungsetappen aus." (Bernhard 2017, S. 13)

Die Schule spiegelt die Einstellung der Gesellschaft zu den Heranwachsenden wider, nämlich wie ernst die Gesellschaft Jugendliche und Kinder nimmt, ob die Entwicklung der Heranwachsenden für unsere Gesellschaft von Bedeutung ist oder welchen Stellenwert die Persönlichkeitsentfaltung der Kinder und Jugendlichen hat (vgl. Bernhard 2017, S. 13).

Disziplinierung, Sanktionierung oder Stigmatisierung, als die klassischen Reaktionen der Gesellschaft und Schule auf Schulverweigerung führen ins Leere. Es muss umgehend eine grundlegende Veränderung des Schulsystems und Umfeldes angestrebt werden, denn es geht um die Absicherung einer unwiederholbaren Entwicklungsspanne. Diese Entwicklungszeit darf nicht verloren gehen (vgl. Bernhard 2017, S. 12 ff.).

Erik Weckel und Meike Grams plädieren deshalb dafür, Schule, Bildung und Lernen weiterzuentwickeln und zu verändern. Schulverweigerung wird in unserer Gesellschaft zu oft ausgeblendet. Es braucht eine größere Offenheit dieser Realität gegenüber, damit die blinden Flecken in Schulen beleuchtet werden können (vgl. Weckel / Grams 2017, S. 290 f.).

Ricking und Hagen sind der Auffassung, dass es Veränderungen braucht, um eine höhere Passung zwischen Schule und Heranwachsenden zu erreichen. Die Ansatzpunkte für neue Entwicklungsschritte können in der Schule, bei den Heranwachsenden selbst, bei den Eltern oder in politisch institutionellen Rahmensetzungen gefunden werden. Die schulischen Handlungs- und Entwicklungsmöglichkeiten lassen sich der pädagogischen, rechtlichen und organisatorischen Ebene zuordnen (vgl. Ricking / Hagen 2016, S. 12 f.).

Passung aktiviert die Lern- und Entwicklungsprozesse von Schulverweigerer*innen. Passung kann an Schulen beispielsweise durch Partizipation, Bedürfnisorientierung, durch Verzicht auf Frustrationen, Anpassung an den Lebensrhythmus, ein enges Netz an Bezugspersonen, Öffnung, Vernetzung oder Kompetenzorientierung im Unterricht erreicht werden.

6.3.1 Aktivierung der Entwicklungsprozesse durch Partizipation und Mitbestimmung

Lern- und Entwicklungsprozesse werden durch Partizipation aktiviert (vgl. Ricking 2014, S. 61).

Heranwachsende dürfen an Schulen oft nicht bei wichtigen schulischen Entscheidungen oder bei der Ausarbeitung von Lern- und Lebensplänen mitbestimmen. Aus diesem Grund stehen sie Instanzen und Autoritäten feindlich gegenüber. Zahlreiche Missverständnisse ergeben sich auch dadurch, dass die Gespräche über Schüler*innen z. T. indirekt über die Eltern verlaufen und wichtige Entscheidungen über die Köpfe der Heranwachsenden hinweg getroffen werden (vgl. Hoffmann 2017, S. 159).

6.3.2 Aktivierung der Entwicklungsprozesse durch Bedürfnisorientierung

Eine bessere oder erneute Anpassung von schulmüden Kindern und Jugendlichen kann durch die Berücksichtigung der individuellen Bedürfnisse der Heranwachsenden gelingen. Anstelle der starren Curricula sollte das selbstgesteuerte Lernen umgesetzt werden. Selbstgesteuertes Lernen ist dem persönlichen Wissensbedürfnis angepasst. Die Schüler*innen können ihren eigenen Lernprozess selbst bestimmen, sie setzen eigenständig Schwerpunkte und passen das Lernen der eigenen Geschwindigkeit an. Durch dieses individualisierte Setting lernen die Heranwachsenden Verantwortung für das eigene Lernen zu übernehmen und entwickeln eine größere geistige Autonomie (vgl. Hoffmann 2017, S. 161 f.).

6.3.3 Aktivierung der Entwicklungsprozesse durch Verzicht auf Frustrationen

Frustrationen hemmen den Lernprozess und die Entwicklung. Auch die eigene Individualität kann sich durch Frustration nicht entwickeln. „Dass jeder etwas gut kann, geht unter" (Leppert 2010, S. 102).

Leppert plädiert für eine Schule ohne Sitzenbleiben, Bewertungen und Noten (vgl. Leppert 2010, S. 142 ff).

Die Notengebung treibt einen Keil zwischen Lehrpersonen und Schüler*innen, weil durch die Noten das asymmetrische Machtverhältnis sichtbar wird und Schüler*innen negative Noten oft mit persönlicher Zurückweisung verknüpfen. Dies kann zur Auflehnung gegen die Autorität führen sowie zur Ablehnung der Lehrpersonen (vgl. Hoffmann 2017, S. 165).

Die abstrakte Norm des Gleichschritts beispielsweise durch Notengebung sollte nicht der Maßstab der Leistungsbeurteilung sein. Alternative und passende Möglichkeiten wären individuelle Rückmeldungen über Lernfortschritte bei Lernberater*innengesprächen. Dort haben die Schüler*innen die Möglichkeit passende Ziele definieren und persönliche Lernentwicklung reflektieren (vgl. Hoffmann 2017, S. 162).

6.3.4 Aktivierung der Entwicklungsprozesse durch Berücksichtigung der individuellen Lebensrhythmen

Empirische Untersuchungen beweisen, dass sich der Schlafrhythmus von Jugendlichen in der Adoleszenz signifikant verändert (vgl. Perkinson-Gloor, Nadina et al. 2013, S. 311 ff.).

Aufgrund der hormonellen Veränderungen haben Jugendliche ein späteres Einschlafbedürfnis und ein späteres Aufwachbedürfnis. Ein gleitender Beginn des Unterrichtes könnte hier hilfreich sein (vgl. Hoffmann 2017, S. 163).

6.3.5 Aktivierung des Entwicklungsprozesses durch ein enges Netz an Vertrauenspersonen

Der Aufbau eines engen Netzes von schulischen und außerschulischen Vertrauenspersonen, ist eine gute Möglichkeit gegen schulvermeidendes Verhalten vorzugehen. Die Kinder und Jugendlichen entwickeln die Möglichkeit, mit mehreren Personen über schulische Bedürfnisse und nicht schulische Probleme zu sprechen. Auch Angebote zur Freizeitgestaltung, bei denen sich ungezwungene Gesprächsgelegenheiten ergeben sowie ein Kummerkasten sind wirksame Alternativen. Ergänzt werden kann das Netz an Vertrauenspersonen durch eine aktive Elternarbeit (vgl. Hoffmann 2017, S. 163 f.).

6.3.6 Aktivierung des Entwicklungsprozesses durch Öffnung und Vernetzung

Schule kann für Heranwachsende interessanter werden, wenn sie nicht nur als Lernkaserne empfunden wird, sondern als Begegnungszentrum. Als ein Ort der Begegnung, in dem gemeinsam gelernt, aber auch gemeinsam die Freizeit verbracht wird. Am Abend könnte die Schule für jugendspezifische Freizeitangebote geöffnet werden. Auch gemeinsame Veranstaltungen zwischen Eltern und Schüler*innen könnten regelmäßig organisiert werden. Möglichkeiten wären die Einrichtung eines Elternkaffees oder Präsentationsabende, zu denen die Schüler*innen einladen (vgl. Hoffmann 2017, S. 165 f.).

6.3.7 Aktivierung des Entwicklungsprozesses durch aktivierenden und kompetenzorientierten Unterricht

Das empirische Wissen über die Zusammenhänge zwischen Schulverweigerung und Unterricht ist noch begrenzt. Ricking ist der Auffassung, dass beides eng zusammenhängt. Deshalb ist es notwendig, den Unterricht fortlaufend weiterzuentwickeln (vgl. Ricking o. J., S. 13).

Für Schüler*innen mit schulverweigerndem Verhalten ist ein Unterricht zu bevorzugen, der klar strukturiert ist, der die demokratische Mitentscheidung und Partizipation fördert, Unter- und Überforderung vermeidet und an den Interessen und an der Erfahrungswelt der Schüler*innen andockt und ihr Potential entfaltet. Die Lehrkraft ist gefordert, diagnostische Phasen wie beispielsweise Beobachtungen zum Verhalten oder Kompetenztests mit direkter Lernunterstützung (u. a. tutorielles Lernen, spezifische Lernmaterialien) in einem lernzielorientierten Prozess miteinander zu verknüpfen. Schulverweigerer*innen können im Unterricht zu Vermeidungs- und Verzögerungstendenzen sowie planlosem unstrukturiertem Vorgehen neigen. Aus diesem Grund ist eine hohe aktive Lernzeit sowie Aufmerksamkeit der Lehrperson und fortlaufende Rückmeldungen zum Lernverlauf und Lernerfolg anzustreben. Dies gelingt beispielsweise durch die Visualisierung der Lernschritte oder systematisches Feedback (vgl. Ricking 2008, S. 235 ff.).

Kinder und Jugendliche mit schuladversem Verhalten neigen oft dazu, die Orte des Versagens zu meiden, weil sie in Teufelskreisen aus Demotivation, Versagen und Vermeidung gefangen sind. Negative Rückmeldungen können selbstwertschädigend wirken und zu Fehlpassungen führen (vgl. Ricking 2014, S. 18).

Deshalb ist es wichtig, die Lernsituationen so zu schaffen, dass Schulverweigerer*innen die schulischen Anforderungen erfolgreich bewältigen können, beispielsweise durch Differenzierung, ein individualisiertes Bewertungssystem sowie die intensive Förderung in Kleingruppen bzw. durch Einzelförderung (vgl. Ricking 2014, S. 68).

Für Schulverweigerer*innen ist die frühzeitige Förderung und Entwicklung von Lebenskompetenzen sehr wichtig, denn diese brauchen sie bei der Bewältigung ihrer individuellen Entwicklungsaufgaben. Diese Ziele sollten im Handlungsplan der Schule verankert sein. Die Umsetzung kann sich beispielsweise auf die Soziabilität, Emotionalität, Sprache, Kognition, Bewegung und Ernährung beziehen. Möglichkeiten der Unterstützung bieten sich durch spezielle Trainings und Beratung (vgl. Casale / Hennemann / Hövel 2014, S. 33 ff.).

Schulen sehen ihre Aufgabe vor allem darin, die individuellen Fach-, Sozial- und Selbstkompetenzen der Schüler*innen zu erweitern und zu vernetzen. Für Schulverweigerer*innen ist es sinnvoll, den Fokus auf Kompetenzen zu legen, die auf eine aktive Daseinsentfaltung sowie eine selbstbestimmte Lebensbewältigung abzielen (vgl. Ricking o. J., S. 7).

Im kompetenzorientierten Unterricht wird der Fokus auf Selbstbestimmung und Lebensbezug gelegt. Durch das Schaffen von authentische Anforderungssituationen können Kompetenzen entfaltet werden, die den Lebensweltbezug herstellen. Problemstellungen und Fragen, des realen Lebens werden selbstbestimmt bearbeitet und zugleich werden zentrale Kenntnisse, Fertigkeiten, Zusammenhänge und Haltungen weiterentwickelt und entdeckt.

Beim kompetenzorientierten Unterricht spielen zudem Erfolgserlebnisse eine tragende Rolle, weil sie Kompetenzerweiterung durch Motivation fördern. Motivierend wirkt, wenn die angestrebten Ziele der einzelnen Etappen bekannt sind und die Kinder und Jugendlichen eigenständig ihre Erfolge überprüfen können. Positive Rückmeldungen von außen begünstigen den Entwicklungsprozess. Kompetenzfördernd ist die Vernetzung von Konstruktion und Instruktion beim Lernen, wobei mögliche Lösungswege und Ideen in Wechselwirkung konstruiert und instruiert werden. Die Transparenz der Entwicklungs- und Leistungserwartung erleichtert die Selbstbeobachtung, die Selbstreflexion, die Einschätzung des Lernprozesses und das selbstbestimmte Lernen. Inhaltliche Mitbestimmung, die Vernetzung von Vorwissen und Neuem sowie Reflexion und Feedback fördern Kompetenzentwicklung, größere geistige Autonomie und Passung (vgl. Stephan 2015, S. 1 ff.; Hoffmann 2017, S. 161).

Ein wirksames Ziel wäre, so Hoffmann „[…] die Schüler*innen durch geeignete Maßnahmen zur besseren und erneuten Anpassung an das Schulsystem zu befähigen" (Hoffmann 2017, S. 161) und zugleich auch das genaue Gegenteil davon anzustreben, nämlich „eine Anpassung des Schulsystems an die Bedürfnisse der Heranwachsenden" (Hoffmann 2017, S. 161).

6.4 Schulverweigerung und Entwicklungsvisionen von Schule – Was wäre, wenn …?

„Bildung macht die Menschen ungehorsam und schwer zu regieren."
(Marquis de Condorcet 1792, zit. nach Zoughebi 2014, S. 7)

Was wäre, wenn …
alle Schüler*innen gerne und mit Freude zur Schule gehen würden?

Was wäre, wenn …
die Schule ein Ort wäre, wo alle gemeinsam lernen, arbeiten und gestalten?

Was wäre, wenn …
die Schule ein Ort wäre, wo man sich gegenseitig achtet und respektiert?

Was wäre, wenn …
alle Schüler*innen den Schulalltag aktiver mitbestimmen und mitgestalten könnten?

Was wäre, wenn …
die Schule mehr auf die Bedürfnisse der Kinder und Jugendlichen eingehen würde?

Was wäre, wenn …
Schule sinnhaftes und lebenslanges Lernen anregen könnte?

Was wäre, wenn …
alle Schüler*innen ihre Fähigkeiten, Stärken und Ressourcen erkennen und so ihr Potenzial besser nutzen könnten?

Was wäre, wenn …
die Schüler*innen in der Schule nicht sitzen bleiben könnten?

Was wäre, wenn …
alle Jugendlichen einen Schulabschluss machen könnten?
(vgl. Weckel / Grams 2017, S. 295 ff.)

Es würde Auswirkungen auf die Gesellschaft haben.
(vgl. Weckel; Grams 2017, S. 299).

7 Verknüpfung von Schulverweigerung und Lösung

„Je mehr man nämlich über die Lösung redet, umso mehr drängt sie in den Vordergrund.“
(Rothaus 2019, S. 83)

7.1 Vielfältige Lösungswege und individuelle Lösungen

Die heutige Welt ist gekennzeichnet von einer zunehmenden Komplexität. Unser Leben wird unübersichtlicher, vernetzter und schneller. Vieles ist nicht mehr kalkulierbar, deshalb wird das Finden von neuen, kreativen und schnellen Lösungen immer wichtiger und gehört zum Alltag (vgl. Mack 2016, o. S.).

Die Menschen müssen sich dieser Herausforderung stellen, denn „[…] wer sich dieser Herausforderung nicht stellt, wird über kurz oder lang selber zum Problem werden“ (Mack 2016, o. S.).

Nachhaltige, neue Lösungen werden häufig dann gefunden, wenn man sich auf die Klugheit und Weisheit des Unbewusstseins einlässt, ohne den Ausgang des Prozesses und das Ziel zu kennen (vgl. Herrmann 2018, S. 73).

Sich auf diese Unberechenbarkeit einzustellen, bedeutet nicht vermehrte Kontrolle, sondern loszulassen. Man kann den Prozess nicht steuern und kontrollieren. Durch das Loslassen der Kontrolle wird man neugierig. Man öffnet sich für Neues, schöpft Mut, lässt sich auf andere Weise auf den Prozess bzw. die Kommunikation ein und kann sich auf diese Weise immer wieder neu positionieren und erfinden (vgl. Herrmann 2018, S. 80 f.).

Der kreative Teil des limbischen Systems findet neue Lösungen häufig auch dann, wenn man sich entscheidet, etwas ganz anderes zu tun und nicht über die Lösung des Problems nachzudenken. Kreative und nachhaltige Lösungen können beispielsweise beim Joggen oder Spazierengehen gefunden werden (vgl. Herrmann 2018, S. 72 f.).

Individuelle Lösungswege und Lösungen sind dann effektiv und nachhaltig, wenn sie für die Person Sinn machen und an ihr Weltbild und ihre Glaubenssätze andocken. Die Nutzenerkennung einer neuen individuellen Lösung ist ebenso wichtig und eine absolut individuelle Variable (vgl. Herrmann 2018, S. 107 f.).

7.2 Entwicklung von Lösungen durch Analogiebildung und Wissenstransfer

Ein möglicher interdisziplinärer Zugang zu Lösungen im Zusammenhang mit Schulverweigerung ist die Analogienbildung. Unter dem Wort Analogie versteht man die Übereinstimmung oder Ähnlichkeit zwischen Elementen in Bezug auf gewisse Merkmale (vgl. Herstatt/Kalogerakis/Schulthess 2014, S. 6).

Vorhandenes Wissen ist das Rohmaterial zur Generierung von neuem Wissen. Die Herausforderung der Analogiebildung besteht darin, Zusammenhänge zwischen Bereichen zu finden, die normalerweise nicht in einem Zusammenhang stehen. Zuerst wird das relevante Lösungswissen identifiziert und dann von einem Bereich auf einen anderen übertragen. Geschickte Kombination und Transferleistungen generieren Innovationen und neue Lösungen. Im Anschluss an den Analogiedenkprozess erfolgt die Speicherung des Wissens, welches im Prozess genutzt wurde bzw. daraus resultiert auf einem höheren Abstraktionsniveau (vgl. Herstatt/Kalogerakis/Schulthess 2014, S. 9).

Das vierstufige Prozessmodell in Anlehnung an Holyoak (2005) veranschaulicht den Analogieprozess. Auf der ersten Stufe (Access/Retrieval), dem Ausgangspunkt, befindet sich ein Problem. Es wird nach einer nutzbaren Analogie gesucht. Auf der zweiten Stufe (Mapping) werden Übereinstimmungen zwischen einer möglichen Quelle und dem Ziel der Analogiebildung überprüft. Auf der dritten Stufe (Transfer) wird das Wissen der neuen Quelle auf das Wissen im Zielbereich übertragen. In der vierten Stufe (Learning) werden Zusammenhänge hergestellt, das Lösungswissen verknüpft und auf einem höheren Abstraktionsniveau gespeichert (vgl. Kalogerakis/Schulthess/Herstatt 2014, S. 9).

Analogien sind „hermeneutische Hilfsmittel bei unserer Suche nach tragfähigen Konzepten, die uns manchmal helfen, uns in unserer Umwelt und in der komplexer werdenden [...] Welt zurechtzufinden“ (Hentschel 2014, S. 306).

Für Hüther gelingt das Zurechtfinden in der komplexen Welt durch einen inneren Kompass, nämlich die menschliche Würde. Würde gibt Orientierung in Lösungsfindungsprozessen (vgl. Hüther, 2018, S. 67 f.).

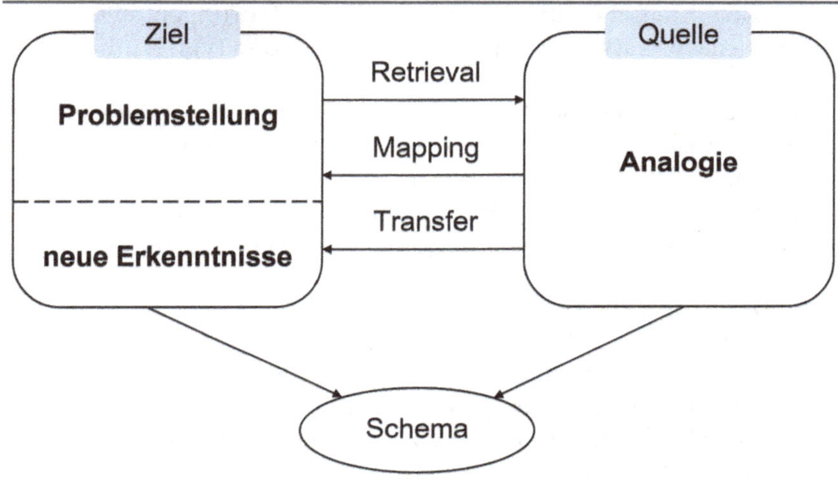

Abb. 19: Der Analogieprozess in Anlehnung an Holyoak 2005
(nach Herstatt/Kalogerakis/Schulthess/ 2014, S. 9)

7.3 Entwicklung von Lösungen durch menschliche Würde (Hüther)

Heutzutage scheinen viele Menschen die Orientierung verloren zu haben. Die Menschheit stürmt von einer Krise zur nächsten und verbraucht hierbei die noch vorhandenen Ressourcen und Energien (vgl. Hüther 2018, S. 17 f.).

Jeder Mensch kann seinen eigenen inneren Kompass entwickeln, der ihm hilft, sich zu orientieren und sich in der Vielfalt zurechtzufinden. Der innere Kompass ist aus neurobiologischer Sicht ein neuronales Verschaltungsmuster, das mit den emotionalen Netzwerken und dem Bild der eigenen Identität verknüpft ist. Hüther nennt diesen inneren Kompass, der unser Menschsein ausmacht: Würde (vgl. Hüther 2018 S. 19 f.).

> „Die Vorstellung der eigenen Würde ist tief verwurzelt und eingebettet in die innere Überzeugung von dem, was uns als Menschen auszeichnet und worin unser eigentliches Menschsein im eigenen Handeln zum Ausdruck kommt." (Hüther 2018, S. 20)

Wenn viele Menschen ihr Wissen und ihre Erfahrungen teilen, können neue nachhaltige Lösungen gefunden werden (vgl. Hüther 2018, S. 22).

Der technische Fortschritt eröffnet den Menschen nicht die erhofften Möglichkeiten, sondern wird zur Herausforderung. Immer mehr Menschen beschäftigen sich durch den technischen Fortschritt mit Dingen, die sie nicht verarbeiten können. Es ist für nichts mehr Zeit und die Menschen werden Gefangene der Ablenkung (Hüther 2018, S. 36 ff.).

Plötzlich wird aus dem" Gestalter-Mensch" jemand, der durch den technischen Fortschritt verwaltet wird und dem System ausgeliefert ist. Die Erfahrung der eigenen Würde bleibt ihm versagt. Nur diejenigen, die den inneren Kompass bewusst suchen und eine Vorstellung von Würde in ihrem Bewusstsein entwickelt haben, können Würde leben (Hüther 2018, S. 44 f.).

Die Entwicklung und Herausbildung eines Bewusstseins menschlicher Würde ist eine zwangsläufige Folge und Notwendigkeit unserer komplexen und unüberschaubaren Lebenswelt. Die erforderliche Lösung des Menschheitsproblems liegt im Inneren des Menschen und ist als Potential verfügbar (Hüther 2018, S. 67 f.).

Die wichtigste Aufgabe der Zukunft wird sein, das zutiefst Menschliche im Innern zu entdecken (vgl. Hüther 2018, S. 83).

7.4 Entwicklung von Lösungen aus der Zukunft (Theorie „U" nach Scharmer)

Wenn wir „[...] unsere Haltung verändern, mit der wir uns einer Sache zuwenden, verändert sich unmittelbar auch die Qualität unseres Umfeldes."
(Scharmer 2015, S. 123)

Eine weitere Perspektive zur Lösungsfindung ist das Verstehen des schöpferischen Prozesses von Veränderung. Laut Scharmer ist es wichtig, den tiefen Kern der Veränderungsprozesse zu begreifen, um nachhaltige Lösungen zu finden (vgl. Scharmer 2015, S. 11).

Otto Scharmer entwickelte hierzu die Theorie U. Diese Sichtweise basiert auf der Überzeugung, dass sich Vergangenheit und Zukunft unterscheiden werden. Der Mensch steht Entwicklungen, Veränderungen und Lösungen nicht hilflos gegenüber, aber es sind vor allem die menschlichen Gewohnheiten, die immer wieder alte Verhaltensgewohnheiten reproduzieren. Dadurch gestaltet der Mensch Veränderungen nicht aktiv mit und sucht nicht selbst nach Lösungen. Scharmer plädiert für eine radikale Sicht auf das menschliche Potenzial sowie für die Öffnung und Vertiefung der Wahrnehmung.

Nach Scharmer umfasst das komplette „U" des Lösungs- und Veränderungsprozesses mehrere Umschlagpunkte, auch Schwellen genannt:

- Runterladen
- Hinschauen
- Hinspüren
- Anwesend werden
- Verdichten
- Erproben
- Das Neue umsetzen
  (vgl. Scharmer 2015, S. 66 f.).

Im ersten Öffnungsprozess reflektieren die Akteure ihre eigenen Annahmen und deren Zusammenhänge. In der zweiten Ebene geht es darum, aus den Erfahrungen der Vergangenheit herauszutreten und über das gegenwärtige Denken hinaus zu empfinden. Die dritte Ebene öffnet den Willen, etwas zu tun, obwohl noch nicht klar ist wie. Nachdem dieser Lösungs- und Veränderungsprozess auf den drei Ebenen stattgefunden hat, geschieht ein Umbruch und es entwickelt sich eine neue Form des Lernens und der Lösungsfindung, ein Lernen von einer Zukunft, die im Entstehen ist (vgl. Scharmer 2015, S. 13 ff.).

Die Schwelle des Loslassens ist der tiefste Punkt des U-Prozesses. Intention und Vision verdichten sich. Das Neue entsteht u. a. durch anwesend sein, innehalten, loslassen oder durch das Verbinden mit der Quelle (z. B. inneres Wissen). Der Weg aus dem „U" heraus ist der Weg des Handelns. Er beginnt mit dem "Umwenden", das ist die Wendung nach innen. Dann folgt das "Hervorbringen", das ist die Wendung nach außen. Dem folgt die Schwelle des "Erprobens". Auf diesem Punkt des Prozesses wird das Neue aus der Zukunft im Tun erkundet und entwickelt. Auf der nachfolgenden Schwelle des "Verkörperns" bekommt das Neue immer mehr seine Form und wird letztlich "in die Welt gebracht" (vgl. Scharmer 2015, S. 65 f.).

Der U-Prozess ist nicht als Einbahnstraße zu sehen, sondern als eine Pendelbewegung. Es braucht in der Schule viele „U"s, die zu einem positiven Wandlungsprozess und nachhaltigen Lösungen führen (vgl. Eickhoff 2016, o. S.).

Leider greifen Lösungen in der Schule „oft zu kurz, weil sie den Druck auf alle Beteiligten erhöhen" (vgl. Eickhoff 2016, o. S.).

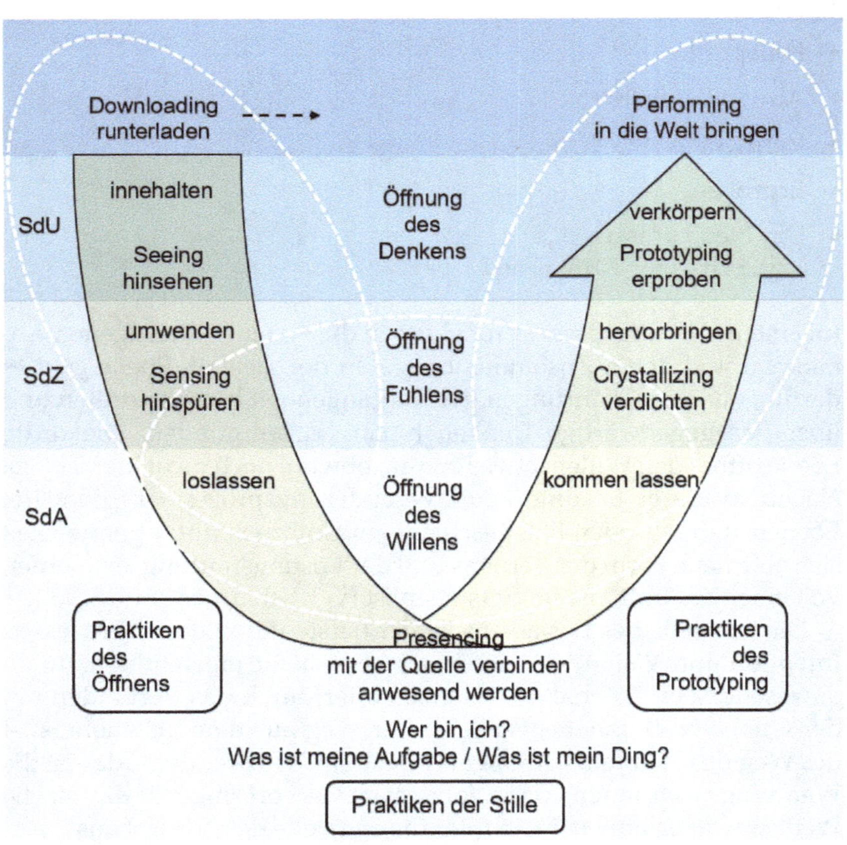

Abb. 20: Das komplette U: sechs Umschlagpunkte (nach Scharmer 2015, S. 66)

Die einzelnen Erkenntnisräume bezogen auf die Schule:

- *Abladen*: Gespräche über schulische Situationen (z. B. Schulverweigerung) nach vertrauten Denk- und Verhaltensmustern.
- *Innehalten*: Die Schule aus einer anderen Perspektive sehen, beispielsweise aus der Sicht der Schüler*innen.
- *Hinsehen*: Starre Meinungen und Urteile dürfen losgelassen werden. Schulische Situationen und Grundannahmen werden von außen und von vielen Blickwinkeln her betrachtet.
- *Umwenden*: Herausgearbeitete Kritik wird positiv umgedeutet.
- *Hinspüren*: Sich bewusst von der Kopf- Ebene lösen und Emotionen, Intention, Bedürfnisse, Kreativität und Intuition zulassen. Ein Zukunftsbild von Schule oder schulischen Situationen entwerfen. Das System nimmt sich wahr.
- *Loslassen*: Sich mit Schule und schulischen Situationen neu verbinden.
- *Anwesend werden*: Sich mit dem eigenen inneren Quellort verbinden (z. B. über Stille, Meditation usw.). Dieser Ort der Stille lässt den Menschen spüren, welche Zukunft im Entstehen ist bzw. entstehen kann.
- *Das Neue zulassen*: Dann gilt es diese Lösungs- und Zukunftsmöglichkeit zu beschreiben und als Potenzial für Weiterentwicklung zu nutzen. Dabei weitet sich das Spektrum der eigenen Möglichkeiten.
- *Verdichten*: Durch die Bewusstmachung von Intention und Vision und die vermehrte Verbindung mit dem inneren Quellort verdichtet sich das Zukunftsbild. Es entwickelt sich ein handlungsleitendes Bild. Dieses ist energiegeladen und drängt nach Umsetzung. Wirksam ist dort zu beginnen, wo die Energie, Begeisterung und Freude am größten ist.
- *Das Neue hervorbringen*: In der Schule können neue pädagogische Konzepte oder Projekte entwickelt werden.

- *Das Neue erproben:* Durch praktisches Tun werden die neuen Lösungen und Veränderungen erprobt, erkundet, reflektiert, weiterentwickelt und evaluiert. Dieser Prozess bedarf vielfach einer intensiven Begleitung.
- *Das Neue wird verinnerlicht und institutionell verankert,* z. B. im Leitbild der Schule
  (vgl. Eickhoff 2016, o. S.).

Das Bild der Zukunft und zukünftige Lösungen verändern sich ständig, deshalb ist es wichtig, kleine Mikrokosmen aus der Zukunft im praktischen Tun zu erkunden und zu erproben und dann als Prototypen zu entwerfen (vgl. Scharmer 2015, S. 207).

8 Verknüpfung von Schulverweigerung mit dem systemisch-lösungsorientierten Ansatz

„Eine Lösung ist eine Lösung ist eine Lösung."
(de Shazer 2012, S. 37)

8.1 Die systemisch-lösungsorientierte Sichtweise

Der systemisch-lösungsorientierte Ansatz (Milwaukee-Modell) wurde in den 80er-Jahren von Steve de Shazer und Insoo Kim Berg entwickelt (vgl. Steiner 2016, S. 13). Diese Sichtweise ist gekennzeichnet durch radikale Einfachheit und individuelle sowie hochsensible Umsetzung. Die Aufmerksamkeit liegt nicht auf den Problemanalysen, sondern auf dem Lösungsfokus (vgl. Burgstaller 2015, S. 14 f.).

Die Lösung ist nicht das Gegenteil des Problems, denn Problem und Lösung haben nicht unbedingt etwas miteinander zu tun. Lösungen sind Zukunftswünsche, die sich realisieren. Der Lösungsfokus ist nicht mit „positivem Denken" gleichzusetzen, denn aus systemisch-lösungsorientierter Perspektive ist das Handeln wichtiger als das Denken. Außerdem werden schwierige Situationen nicht beschönigt. Fortschritt und Lösungen entwickeln sich in sich wiederholenden Schleifen, wobei die Veränderung plötzlich sein kann oder sich langsam vollzieht (vgl. Burgstaller 2015, S. 14 f.).

De Shazer vertritt die Meinung, dass unterschiedliche Probleme möglicherweise denselben Lösungsfindungsprozess haben könnten:

> „Die genaue Beschaffenheit des jeweiligen Problems scheint für den Prozess der ‚Lösungsfindung' nicht wichtig zu sein – die Intention muss lediglich ‚passen`. Was gebraucht wird, ist ganz einfach ein Dietrich, nicht aber der eine und einzige Schlüssel, der für ‚dieses' spezifische Schloss gefertigt worden ist." (de Shazer 2012, S. 163)

8.1.1 Grundbausteine der systemisch-lösungsorientierten Sichtweise

Die Grundbausteine der systemisch-lösungsorientierten Sichtweise sind die Selbstorganisation, die Zirkularität, die Kybernetik und der Konstruktivismus (vgl. Bamberger 2015, S. 30).

Systeme organisieren sich selbst, steuern sich autonom und funktionieren selbsterhaltend. Sie sind auf soziale und sensorische Inputs ausgerichtet. Auch Menschen sind Systeme mit eigenen Strukturen und Erfahrungen. Diese individuellen psychischen Strukturen beinhalten den gesamten Wissensschatz darüber, was für diesen Menschen gut war und was besser unterlassen werden sollte. Aktuelle Inputs werden aufgrund dieser Gegebenheit individuell verarbeitet und das daraus resultierende Verhalten und Erleben eines Menschen ist ebenso individuell. Handlungen und Aktionen beziehen sich auf den inneren Wissensschatz und somit auf das innere „Referenzsystem". Menschen sind eigenständig und selbstwirksam. Sie agieren in der eigenen individuellen Lebenswelt (vgl. Bamberger 2015, S. 31 f.).

In kommunikativen Systemen stehen die einzelnen Elemente in zirkulärer Wechselwirkung zueinander. Wird bei einem Mobile, so Bamberger, ein Element angestoßen, erhalten auch die anderen Systemteile Impulse. Diese Bewegungen wirken wiederum rückbezüglich. Zirkularität bedingt die Qualität der lebenden Systeme (vgl. Bamberger 2015, S. 34 f.).

Unter Kybernetik wird das gegenregulatorische d. h. gegensteuernde Einwirken der Elemente untereinander verstanden und das daraus resultierende Bedingungsgefüge (vgl. Bamberger 2015, S. 33).

„Menschen leben in individuell interpretierten Welten!" (Bamberger 2015, S. 36). Jeder Mensch hat sein eigenes Weltbild. Dieses Prinzip nennt sich Konstruktivismus. Weltbilder entstehen nicht linear, sondern durch Interaktion, wobei der Mensch aktiv ist. Menschen verfügen über eine spezielle Sensorik für die Wahrnehmung der Welt. Was Menschen in ihrer Vergangenheit als sinnvoll und nützlich erfahren haben, nehmen sie wahr, die sinnesspezifischen Erregungen werden vom menschlichen Gehirn analysiert. Frühere Lebenserfahrungen werden genützt, um der Wahrnehmungen eine Bedeutung zu geben und aufgrund dessen wird der Input in ein individuelles, biografisch geprägtes Raster (Ordnungs- und Bedeutungsraster) eingeordnet. Die innere Ordnung bestimmt die Art und Weise wie Menschen die Wirklichkeit sehen (vgl. Bamberger 2015, S. 36).

Im aktuellen Lebenskontext wirken Hoffnungen, Emotionen oder Ängste bei der Einordnung der Inputs ein (vgl. Bamberger 2015, S. 35 f.).

8.1.2 Die Grundannahmen der systemisch-lösungsorientierten Betrachtungsweise im Zusammenhang mit der Entwicklung von Lösungskompetenz

Lösungskompetenz ist eine Haltung (vgl. Godat 2014, S. 28 ff.) und zeigt sich zugleich in der Umsetzung lösungsfokussierter Werkzeuge (vgl. Godat 2014, S. 46 ff.). Lösungsfokussierung richtet den Blickwinkel auf die Lösungsebene. Dabei werden bereits funktionierende Gegebenheiten fokussiert, positive Zukunftsbilder erstellt und nützliche Ausnahmen gesucht. Die lösungsorientierte Sprache spielt eine wesentliche Rolle sowie auch das Vorangehen in kleinen Schritten (vgl. Godat, 2014 S. 28 f.).

Die Vorboten von Lösungen können, so Godat, durch folgende Elemente und Vorgehensweisen sichtbar werden:

- Erfolgsgeschichten erzählen
- nach positiven Unterschieden in Problemsituationen suchen
- Aufschwungsphasen in schwierigen Zeiten reflektieren
- Bewusstmachung von Stärken
- Ressourcen vergegenwärtigen, aktivieren und bewusst umsetzen
- positive Zusammenarbeit fördern
- Bewusstmachung der erfolgreichen kleinen Schritte
- bereits erreichte Verbesserungen als Unterschied sehen und ihr Entstehen hinterfragen

(vgl. Godat, 2014 S. 53 ff.).

Die Lösungssprache ist ein tragendes Element der Lösungsfokussierung. Steve de Shazer ist der Auffassung, dass die Problemsprache Probleme schafft, die Lösungssprache hingegen Lösungen findet. Durch die Problemsprache sperren sich Menschen im eigenen (Gedanken-) Gefängnis ein und finden so kaum einen Ausweg. Die Handlungsfähigkeit wird eingeschränkt, das Problem wird immer größer. Problemwörter (z. B. Schwächen, Schwierigkeiten, Diagnosen, Probleme) verstärken das Problemverhalten. Die Lösungssprache (z. B. Hoffnungen, Potenziale, Ziele, Ressourcen) hingegen öffnet neue Blickwinkel. Diese Form der Kommunikation nennt sich auch salutogene Kommunikation. Sie regt neue Lösungen an und unterstützt Kreativität, Handlungsfähigkeit und gesunde Entwicklung (vgl. Godat 2014, S. 33).

In jeder Problemsituation gibt es positive Ausnahmen, die man nutzen kann. Lernen und Veränderung passiert dort, wo die Aufmerksamkeit ist. Aus positiven Ausnahmen können kleine Schritte und praxisrelevante Ideen für weiteres Vorgehen abgeleitet werden. Durch die Beschäftigung mit positiven Ausnahmen werden Menschen in hoffnungslosen Situationen wieder handlungsfähig und Ressourcen werden aktiviert (vgl. Godat 2014, S. 34).

Die Zukunft ist verhandelbar und nicht bereits geschaffen. Menschen erschaffen Zukunft durch ihr Verhalten. Probleme der Gegenwart müssen in der Zukunft nicht mehr existieren. Jeder Mensch kann in der Gegenwart neue Zukunfts- und Lösungsvisionen entwickeln und dadurch die gewünschte Zukunft neu erfinden (vgl. Godat 2014, S. 34 f.).

Menschen sind durch ihre Erfahrungen Experten*innen für ihren Lebens- oder Aufgabenbereich. Persönliche Erfahrungen sind wertvolle Ressourcen und können als Potenzial genutzt werden. Der wertschätzende Umgang ist hierbei von großer Wichtigkeit (vgl. Godat 2014, S. 36).

Die bewusste und experimentelle Auseinandersetzung mit funktionierenden Aspekten und Situationen der Gegenwart erleichtert und fördert das Finden von nützlichen Handlungen in der Zukunft. Wirkungsvoll sind hierbei systemisch-lösungsorientierten Beratungstechniken, wie beispielsweise das Beobachtungsexperiment „So tun als ob“. Dieses Gedankenexperiment fordert dazu auf, Unterschiede und positiven Ausnahmen wahrzunehmen und zu benennen. Durch diesen Zugang wird die Lösungsfindung erleichtert (vgl. Godat 2014, S. 40).

Durch die Visualisierung von Erfolgen mithilfe von lösungsfokussierten Skalen oder anderen lösungsfokussierten Werkzeugen werden positive Ausnahmen besser erkannt. Das Erkennen und die Messbarkeit von Erfolgen sind die Voraussetzung für Entwicklung und Umsetzung von neuen, nachhaltigen Lösungen (vgl. Godat, 2014 S. 40).

Durch Wertschätzung entwickeln sich neue Lösungen schneller und besser, weil sich Menschen öffnen und bereit sind, ihre Ressourcen zu nützen. (Selbst-)Komplimente bewirken Motivation und Potenzialentfaltung. Komplimente sind dann besonders erfolgreich, wenn sie ehrlich gemeint sind, dem Kontext angemessen und nicht übertrieben sind (vgl. Godat 2014, S. 57 f.).

Das Zuhören ist auch ein Zeichen der Wertschätzung und Voraussetzung hierfür. Wertschätzung kann direkt oder indirekt erfolgen. Formen der direkten Wertschätzung sind beispielsweise die Bewunderung oder positive Würdigung. Die indirekte Wertschätzung baut darauf auf, dass die Person das eigene Potenzial durch Reflexion selbst erkennt. Dies kann durch das Eruieren von Erfolgshandlungen, durch das Implizieren der vorhandenen Expertise oder Perspektivenwechsel erfolgen (vgl. Godat 2014, S. 59 ff.).

8.2 Schulverweigerung ein Signal für Entwicklung und Veränderung

Der Begriff „Schulverweigerung" beschreibt aus systemisch-lösungsorientierter Sicht die Gegebenheit, dass ein Jugendlicher oder ein Kind nicht zur Schule geht und dieses Verhalten nicht den Erwartungen des Systems entspricht (vgl. Rotthaus 2019, S. 112).

In einem System gibt es nichts, was überflüssig wäre. Darum hat auch das Phänomen Schulverweigerung einen Sinn, eine Funktion und einen "guten" Grund. Schulverweigerung kann Hinweise geben, welche Änderungen im System anstehen und zugleich auf die damit verbundenen Lösungen hindeuten (vgl. Rotthaus 2019, S. 154).

Systeme streben nach Gleichgewicht und steuern sich selbst. Eignet sich die Selbstregulation (Homöostase) nicht, um ein Ziel effektiv und effizient zu erreichen, so wird das System verstört (vgl. Heinrich 2015, S. 117).

Diese Verstörung entwickelt sich durch das Zusammenwirken und die Wechselwirkung unterschiedlicher Faktoren. Eine einzelne Person ist nicht der Problemträger (vgl. Bamberger 2015, S. 35).

Wird der Charakter eines Menschen als Ursache für ein Verhalten gedeutet, so kann nicht viel bewirkt werden. Sieht man hingegen das Verhalten kontextbezogen, eröffnen sich durch das Reflektieren darüber neue Handlungsmöglichkeiten, die Veränderungen anstoßen (vgl. Harkcom 2017, S. 26 ff.).

Um ein Problem zu lösen, ist der Blick nach vorne wichtig. Der Blick auf die Lösung kann durch die Konzentration auf die Vergangenheit verstellt werden. Auch die Vorstellung einer festen Relation zwischen Input- und Output oder die analytische Dekonstruktion eines Problems können Lösungsprozesse, Wachstum und Entwicklung blockieren. Probleme fordern auf, nicht Vergangenes zu rekonstruieren, sondern etwas Neues in der Zukunft zu konstruieren. Sie eröffnen die Chance der Blickfelderweiterung und sind Chancen, neue Entscheidungen zu treffen, eigene Wege zu gehen, sich weiterzuentwickeln oder persönlich zu wachsen (vgl. Bamberger 2015, S. 58 f.).

Der Umgang mit Problemen ermöglicht die Auseinandersetzung mit den eigenen Stärken und Schwächen, die Entwicklung der autonomen Gestaltungsfähigkeit, die Förderung der Selbstregulationskompetenz oder die Auseinandersetzung mit der Selbstwirksamkeit (vgl. Bamberger 2015, S. 68).

Jeder Mensch ist, so Stephanie Harkom, selbst dafür verantwortlich, ob er Probleme konstruiert, verschlimmert, relativiert oder los wird. Er trägt die Ressourcen in sich, die er zur Bewältigung seiner Probleme braucht und ist darum selbst der Verantwortliche seines Handelns, nicht das Opfer. Eine lineare Kontrolle über das Handeln anderer Menschen ist nicht möglich, nur eine Beeinflussung (vgl. Harkcom 2017, S. 21)

Probleme können zur persönlichen Veränderung, aber auch zu einer Neuorganisation des gesamten Systems führen (vgl. Bamberger 2015, S. 67).

8.3 Schulverweigerung ein Lösungsfindungsprozess

„Die Lösung wird zum Problem."
(Rotthaus 2019, S. 179)

Viele Kinder und Jugendliche versuchen durch die Schulverweigerung ihre Probleme zu lösen, jedoch die Lösung „Schulverweigerung" entwickelt sich mit der Zeit zum Problem (vgl. Rotthaus 2019, S. 178 f.).

Aus der systemisch-lösungsorientierten Perspektive sind Probleme ehemalige Lösungen. Sie werden von den Betroffenen durch Strategien erzeugt und können wiederum durch andere Strategien verflüssigt d. h. dekonstruiert werden (vgl. Herrmann 2018, S. 80).

Für Watzlawick gibt es kaum einen Unterschied zwischen Lösungen und Problemen, weil die Lösungen von gestern die Probleme von heute sind und die Lösungen von heute die Probleme von morgen sein werden. Es kann nicht eindeutig gesagt werden, wie sich Lösungen und Probleme wandeln und welche Bedeutung ihnen zukommt. Eindeutige Prognosen über Wirkungen von Problemen und Lösungen können nicht gemacht werden, weil die Auswirkungen vom jeweiligen Kontext abhängig sind. Nachhaltige Entwicklungsprozesse setzen das Würdigen des Problems und die Wertschätzung der Lösung voraus. Jede Veränderung, aber auch Nicht- Veränderung, hat einen tieferen Sinn (vgl. Herrmann 2018, S. 72 ff.).

8.3.1 Lösungen erster und zweiter Ordnung

Herrmann unterscheidet zwischen Lösungen erster und zweiter Ordnung. Die Lösungen erster Ordnung bieten keine nachhaltigen Verhaltensänderungen, weil es sich um eine Verhaltensvariation handelt. Lösungen zweiter Ordnung liegen auf einer anderen Ebene wie das Problem und weisen ein neues Handlungsmuster auf (vgl. Herrmann 2018, S. 67 ff.).

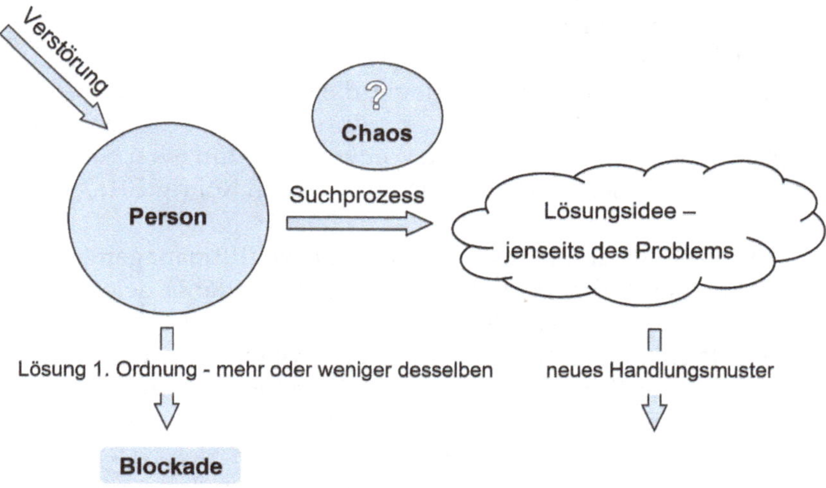

Abb. 21: Lösungen 1. und 2. Ordnung (nach Herrmann 2018, S. 73)

8.4 SCHULVERWEIGERUNG EIN INNERER UND ÄUSSERER KONFLIKT

Die Heranwachsenden befinden sich im Dauerkonflikt. Es erleben und leben fortlaufend Konflikte, wie beispielsweise Autonomie-Abhängigkeits-Konflikte oder Konflikte, die mit Selbstfindungs- bzw. Ablösungsprozessen zusammenhängen. Die Reaktionen auf Konflikte sind dabei individuell. Eine mögliche Reaktion auf Konflikte ist die Schulverweigerung (vgl. Herrmann 2018, S. 102).

Ob ein konkreter Konflikt als negativ oder positiv bewertet wird, entscheidet die beobachtende Person. Ohne Konflikte gibt es keine Veränderung und keine Entwicklung (vgl. Simon 2018, S. 9 f.).

Konflikte haben, so Luhmann, eine "Alarmierfunktion" (vgl. Luhmann 1984, S. 525). Sie signalisieren, dass eine prekäre Umwelt-System-Beziehung vorliegt und dass eine Chance zu einer Systemveränderung bzw. Weiterentwicklung gegeben ist (vgl. Simon 2018, S 95 ff).

Der Verzicht auf Konfliktanalyse ist, laut Marco Ronzani, ein wesentliches Merkmal der systemisch-lösungsorientierten Sichtweise. Die Aufmerksamkeit wird auf die Konstruktion von Lösungen gerichtet (vgl. Ronzani 2015, S. 212).

Der lösungsfokussierte Ansatz ist kein Theoriegebäude, sondern eher eine pragmatische Methodologie, die sich in Jahrzehnten aus der Praxis entwickelt hat. Eines der Grundprinzipien des systemisch-lösungsorientierten Ansatzes ist die Weiterentwicklung von neuen und innovativen Formen in der Praxis (vgl. Varga in Röhrig 2016, S. 8).

8.4.1 Systemisch-lösungsorientiertes Konfliktmanagement

Der Fokus der Aufmerksamkeit wird zunächst dahin gelenkt, dass Klient*innen darüber nachdenken, woran erkennbar ist, dass das vorhandene Problem gelöst wurde. In einem zweiten Schritt beschreiben Klient*innen die Schritte, die bereits in diese Richtung unternommen wurden. Der Fokus der Aufmerksamkeit führt somit vom Problem weg und zur Lösung hin. Zu den Besonderheiten des systemisch-lösungsorientierten Ansatzes gehört sein Umgang und seine Auseinandersetzung mit Veränderungen (vgl. Scheinecker / Röhrig 2019, S. 18).

Mark McKergow hat zur Veranschaulichung und Erklärung des Ansatzes das Albert Modell entwickelt (vgl. McKergow / Jackson 2007, S. 3). Das Modell besteht aus drei Achsen, eine Zeitachse, eine Problem-Achse und eine Lösungs-Achse. Die Zeitachse führt von links nach rechts. Links befindet sich die Vergangenheit, in der Mitte der Achse die Gegenwart und auf der rechten Seite die Zukunft. Die Problem-Achse beginnt links oben und führt nach rechts unten. Links oben wird das Problem genannt, das bearbeitet werden soll. Es liegt in der Vergangenheit. Hier werden Schwächen oder Defizite aufgezeigt, die zur Entstehung des Problems beigetragen haben. Die befürchtete Zukunft befindet sich rechts unten, am Ende der Achse. Sie zeigt die Zukunft auf, die sein wird, wenn das Problem nicht gelöst wird. Die Lösungs-Achse verläuft von links unten, nach rechts oben und stellt „erwünschte Zukünfte" dar. Am Anfang dieser Achse stehen Ressourcen, Stärken, gut Funktionierendes und Ausnahmen, die bereits in der Vergangenheit erkennbar waren und gut gelungen sind. Rechts oben und am Ende der „Lösungs-Achse" befindet sich das, was gewünscht wird, das „Futur Perfekt" (vgl. Scheinecker/Röhrig 2019, S. 18f.).

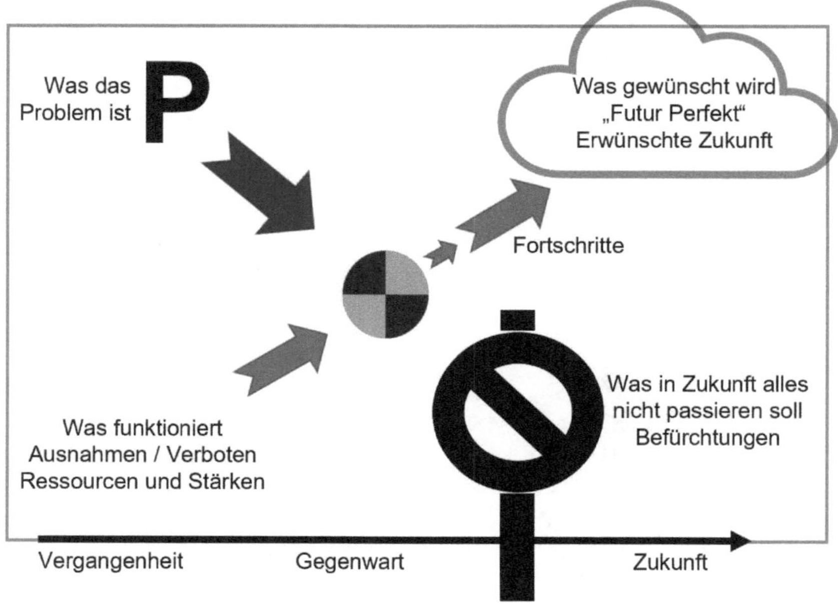

Abb. 22: Das Albert-Modell von McKergow (nach Scheinecker/Röhrig 2019, S. 19)

Im systemisch-lösungsorientierten Ansatz sind die Konfliktträger*innen zugleich Expert*innen für ihre Lebenssituation und für nützliche Veränderungen (vgl. Scheinecker/Röhrig 2019, S. 33).

9 Systemisch-lösungsorientierte Beratung mit Schulverweigerer*innen

Systemische Berater*innen können jede Herausforderung als Lernchance sehen (vgl. Hubrig/Herrmann 2914, S. 117).

9.1 Problemaufriss Beratungsgespräche an Schulen

Lehrpersonen müssen oft Gespräche mit Kindern, Jugendlichen und Eltern führen und haben keine Ausbildung (vgl. Hubrig; Herrmann 2014, S. 117).

Beratungsgespräche setzen beispielsweise einen wichtigen Rollenwechsel für die Lehrpersonen voraus. Lehrpersonen haben im Setting Schule die Rolle inne, dass sie immer wissen sollten, was richtig ist und haben diese Haltung vielfach internalisiert. In der Beratung ist diese Haltung des „Wissenden“ kontraproduktiv. Durch Belehrungen kann sich Widerstand entwickeln und die zu beratende Person hat keine Möglichkeit, produktiv an der Lösungsfindung zu arbeiten. Nach der systemisch-lösungsorientierten Auffassung ist jede Person Experte seines Lebens und trägt die Lösung des Problems in sich (vgl. Hubrig; Herrmann 2014, S. 119).

Oft sind im schulischen Kontext, der beratend-fördernde und institutionell-sanktionierende Handlungskontext nicht klar voneinander getrennt werden, sodass im Lehrerkollegium diffuse Belastungssituationen entstehen können. Empfehlenswert ist, wenn die Beratungspersonen von der Schulführungskraft delegiert werden (vgl. Hubrig/Herrmann 2014, S. 123).

9.2 Gesprächsformen im Setting Schule

„Wir wissen erst, welche Frage wir gestellt haben, wenn wir die Antwort hören.“
(Steve de Shazer 2012, S. 277)

Im schulischen Setting kann zwischen pädagogischen Gesprächen, alltäglichen Gesprächssituationen, Konfliktgesprächen und systemisch-lösungsorientierten Beratungsgesprächen unterschieden werden (vgl. Hubrig/Herrmann 2014, S. 117).

Die pädagogischen Gespräche sind dadurch gekennzeichnet, dass es sich um die Weitergabe von Expertenwissen handelt. Der Informationsfluss ist in solchen Gesprächen einseitig gerichtet. Die beratende Person schlägt als Expert*in vor und die zu beratende Person nimmt die Informationen und Anregungen auf (vgl. Hubrig/Herrmann 2014, S. 118).

Pädagogische Gespräche können auch außerhalb des Beratungssettings stattfinden. Erziehende tendieren bei pädagogischen Gesprächen eher dazu, sich auf der Befehls- und Informationsebene zu bewegen. Deshalb ist es wichtig, das pädagogische Gespräch sorgfältig zu rahmen, die Wortverteilung zu steuern, Gespräche zu unterbrechen, Wertschätzung zu zeigen, auf die Bedürfnisse zu achten und die Lösungssprache zu verwenden (vgl. Hubrig/Herrmann 2014, S. 43 ff.).

Alltägliche Gesprächssituationen ergeben sich in der Schule vielfach spontan. Sie sind vielfach kurz und passieren zwischen und „Tür und Angel". Diese Tür- und Angelgespräche können dazu genutzt werden, um ein systemisch-lösungsorientiertes Beratungsgespräch in einem hierfür passenden Rahmen festzulegen (vgl. Hubrig/Herrmann 2014, S. 121)

Konfliktgespräche ergeben sich, wenn die Regeln des Schulsystems verletzt werden. Die Lehrpersonen müssen diese Regelungen vertreten. Die Triangulierung kann im Konfliktgespräch hilfreich sein (vgl. Hubrig/Herrmann 2014, S. 127).

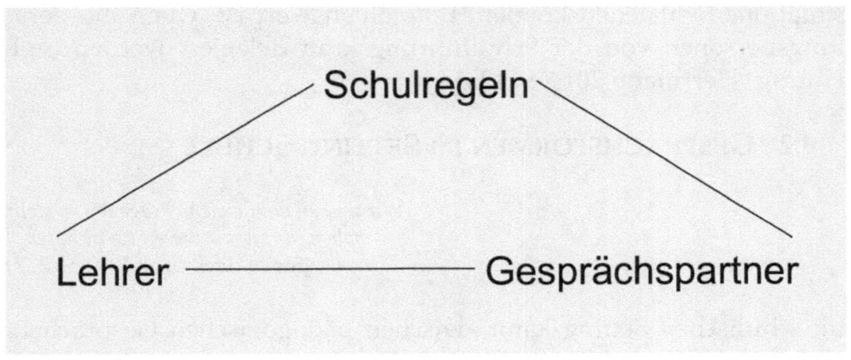

Abb. 23: Triangulierung im Konfliktgespräch (nach Hubrig/Herrmann 2014, S. 127)

Systemisch-lösungsorientierte Beratungsgespräche finden in einem angenehmen Rahmen statt. Schweigepflicht und Neutralität der beratenden Person sind Voraussetzung. Die lösungsorientierte Fragehaltung kann entlastend wirken, weil die beratende Person nichts wissen muss. Sie muss sich nur dafür interessieren, wie das Umfeld und die Person das Problem konstruieren und die Lösungsfähigkeiten aktivieren (vgl. Hubrig/Herrmann 2014, S. 122).

9.3 Tipps für Beratungen mit Schulverweigerer*innen

Bevor Schüler*innen in die Beratung kommen, ist bereits viel passiert. Lehrpersonen haben über einen längeren Zeitraum hinweg Verhaltensauffälligkeiten, wie Schule schwänzen, Schulangst, unkontrolliertes Verhalten, Aggressivität usw. beobachtet und versucht, Schüler*innen pädagogisch zu beeinflussen. Diese Maßnahmen können beispielsweise Sanktionen, Klassenkonferenzen, Einzelgespräche u. a. sein (vgl. Hubrig/Herrmann 2014, S. 149).

> „Wenn all diese erzieherischen Bemühungen nichts verändern, dann kommt es in der Regel zur Kontaktaufnahme mit der Beratungslehrerin oder einem externen Berater." (Hubrig/Herrmann 2014, S. 149)

Beim Erstgespräch geht es darum, Kinder und Jugendliche aus der Schusslinie zu nehmen. Sie dürfen sich nicht wie auf einer Anklagebank fühlen. Auch die Vorstellung, dass durch die Gespräche sofort eine Lösung gefunden wird, soll angesprochen werden. Beratung und Lösung brauchen Zeit. Mit diesen hohen Erwartungen kommen vor allem Eltern zur Beratung. Der Fokus wird beim Erstgespräch bewusst vom Problembereich weg zu den Fähigkeiten und Ressourcen gelenkt. Die Versicherung der Schweigepflicht ist ebenso wichtig wie der Aufbau einer vertrauensvollen, anerkennenden und wertschätzenden Beziehung auf Augenhöhe. Wirksam ist ein lockeres humorvolles Beratungsgespräch. Durch Humor kann ganzheitlich gearbeitet werden, nämlich auch

> „[...] mit der fröhlichen Seite der Kinder und Jugendlichen. Es ist nicht schwer, im Gespräch mit Ihnen die Dinge auch etwas humorvoll zu beleuchten. Lachen dient nicht der manischen Abwehr von Leid; wenn ein Problem mit Lachen gerahmt wird, wirkt das als eine wichtige Musterunterbrechung: Dein Problem ist lösbar. Ressourcen-

> und lösungsorientierte Beratung ist optimistisch und macht Freude, könnte die Botschaft sein." (Hubrig / Herrmann 2014, S. 150)

Das Problemverhalten ist nur ein geringer Teil der Persönlichkeit, der größere Teil sind persönliche Fähigkeiten und Fertigkeiten. Diese Haltung stärkt das Selbstvertrauen gibt Hoffnung Anlass. Skalierungsfragen sind eine sehr hilfreiche Möglichkeit, den Ausprägungsgrad des jeweiligen Problems und die fortlaufenden Veränderungen zu erfassen. Dieses Instrument kann auch für die ressourcenorientierte Diagnostik verwendet werden. In einer Skala von 0–10 teilen die Personen (Kinder, Jugendliche und Eltern) den momentanen Stand der Dinge mit. Null Punkte sind das Minimum, 10 Punkte das Maximum. Skalierungsfragen werden positiv formuliert, um die Unterschiede bereits in positiven Kategorien und ressourcenorientiert darzulegen (vgl. Hubrig / Herrmann 2014, S. 151 ff.).

Die Zieldefinition entwickelt sich durch Zukunftsvisionen. Die Schüler*innen denken an die positiven Auswirkungen der Lösung. Dabei liefen gut funktionierende Ausnahmen in der Problemsituation Hinweise auf effektive Lösungen. Auch die Wunderfrage eignet sich zur Zieldefinition. Die Ziele werden positiv formuliert, beziehen sich auf Fähigkeiten und Ressourcen der jeweiligen Person und beinhalten auch den Unterschied der erkennbar ist, wenn das Ziel erreicht wurde (vgl. Hubrig / Herrmann 2014, S. 155 ff.).

Die Ziele und Visionen werden als Vertrag bzw. Auftrag in Kooperation erarbeitet, geklärt und verschriftlicht (vgl. Hubrig / Herrmann 2014, S. 154 f.).

Die Eltern und Lehrpersonen als Co-Berater oder Kooperationspartner*innen zu gewinnen und zu involvieren ist günstig. So können Verhaltensänderungen der Kinder und Jugendlichen von mehreren Personen beobachtet bzw. wahrgenommen werden. Die positive Verstärkung kann parallel und vielschichtig umgesetzt werden. Effektiv ist dabei, den Fokus auf viele kleine Veränderungen zu lenken (vgl. Hubrig / Herrmann 2014, S. 160 ff.).

Positive Erfahrungen und Rückschlüsse in der Beratungsstunde sind nur von kurzer Dauer, wenn sie nicht im Gedächtnis gespeichert werden. Darum ist es wirksam, die befreienden emotionalen Erfahrungen sprachlich zu kodieren und gemeinsam einen kleinen Schritt für die konkrete Umsetzung im Alltag zu planen bzw. eine Umsetzungsstrategie zu entwickeln (vgl. Hubrig/Herrmann 2014, S. 168 ff.).

10 Systemisch-lösungsorientiertes Kurzzeit-Coaching mit Schulverweigerer*innen

Coaching gewinnt im pädagogisch-schulischen Bereich vermehrt an Bedeutung und gerät in „Mode". Diese spezielle Form der Beratungstätigkeit eröffnet auch an Schulen neue Möglichkeiten im Umgang mit verhaltensauffälligen Kindern und Jugendlichen und kann problematisch empfundene Schulsituationen erleichtern. Coaching fokussiert stark auf die Autonomie der Kinder und Jugendlichen. Der Coach (z. B. Lehrperson, Beratungslehrperson) tritt als Unterstützer*in auf. Für die Umsetzung des vereinbarten Weges tragen die Schüler*innen selbst die Verantwortung. Diese Tatsache stellt eine Erleichterung im schulischen Förderprozess dar. Die im Coaching vereinbarten Ziele und Wege können im individuellen Förderplan festgehalten werden. Der Plan wird auf diese Weise realistischer, weil die Schüler *innen als Expert*innen ihres Lebens fungieren und in Eigenverantwortung handeln (vgl. Methner 2014, S. 175 ff.). Kooperatives Coaching hat sich bei Schulverweigerung (vgl. Gülden / Rybniker 2011, S. 96 ff.) bewährt.

Für Kotrba / Miarka ist Coaching ist eine individuelle, zeitlich begrenzte, interaktive und vertrauensvolle Zusammenarbeit (vgl. Kotrba / Miarka 2019, S. 11). Der Coach ist für den Ablauf des Coachings zuständig, der Coachee (z. B. Schulverweigerer*in) ist Expert*in für Ziel und Inhalt. Im lösungsfokussierten Kurzzeit-Coaching geht es primär darum, Menschen bei der eigenen Lösungsfindung und Ressourcennutzung zu unterstützen. Hierbei werden Erkenntnisse interdisziplinär, d. h. aus der modernen Gehirnforschung, der Logotherapie, der Positiven Psychologie, den Wirtschafts- und Kommunikationswissenschaften und aus dem praktischen Alltag genutzt (vgl. Kotrba / Miarka 2019, S. 2 ff.).

Studien beweisen, dass Personen schneller zu Erfolgen gelangen, wenn sie die Problemanalyse und den Problemfokus vermeiden (vgl. Gingerich / Peterson 2013, S. 266 ff.).

Beim lösungsfokussierten Coaching geht es darum, dass sich die Beteiligten gedanklich in die Zukunft versetzen und die Analyse eines Problems vermeiden. Das bringt eine große Zeitersparnis und innerhalb kürzester Zeit können wirksame Ergebnisse und Erfolge erzielt werden (vgl. Kotrba / Miarka 2019, S. 2 ff.).

10.1 Systemisch-lösungsorientierte Grundhaltungen im Coaching

10.1.1 Prinzipien des systemisch-lösungsorientierten Coachings

Die Prinzipien des systemisch-lösungsorientierten Coachings decken sich überwiegend mit den Grundsätzen der systemisch-lösungsorientierten Beratung (siehe dazu Kap. 8.1 bzw. Kap. 9.3), weil „die Grundsätze des lösungsfokussierten Ansatzes auf unterschiedliche Bereiche anwendbar sind" (vgl. Kotrba/Miarka 2019, S. 3).

Das lösungsorientierte Coaching-Modell ist ein neuer Weg, um im Einsatz und in der Umsetzung von systemisch-lösungsorientierten, inneren Haltungen sowie Kommunikationstechniken noch mehr Erfolg zu haben (vgl. Kotrba/Miarka 2019, S. 3).

10.1.2 Das Kokosnuss-Modell

Zur Veranschaulichung der systemisch-lösungsorientierten Haltung im Coaching entwickelten Kotrba und Miarka das Kokosnussmodell (vgl. Kotrba/Miarka 2019, S. 21 ff.)

Abb. 24: Das Kokosnuss- Modell (Quelle: Kotrba/Miarka 2019, S. 21)

Symbolisch gesehen, lebt jeder Mensch auf einer Insel. Diese Insel verändert sich fortwährend, weil sie das darstellt, was seine Bewohner*in lernt und wie sich alles weiterentwickelt. Die Bewohner*in kennt die eigene Insel am besten. In dieser Geschichte lebt ein Mädchen auf einer Insel mit einer Kokosnusspalme. Das Mädchen liebt Kokosnüsse über alles. Auf der Nachbarinsel lebt ein junger Mann mit einem Laubbaum. Er hat sein ganzes Leben noch nie eine Kokosnuss gesehen, deshalb entschließt sich das Mädchen eine ihrer Kokosnüsse auf die Nachbarinsel zu werfen, um dem Jungen eine Freude zu machen. Doch dieses unerwartete Verhalten könnte den Jungen verwirren. Er könnte sich sogar bedroht fühlen und zum Gegenangriff rüsten. Die Reaktion des Jungen hingegen könnte das Mädchen wiederum völlig verwirren, denn seine Reaktion ist auch für das Mädchen unerwartet. Was könnte das Mädchen anders machen, damit die Geschichte anders endet? Eine Möglichkeit wäre eine Brücke zu bauen, sich zu begegnen und sich gegenseitig Fragen zu stellen (vgl. Kotrba / Miarka 2019, S. 20 ff.).

Wichtige Aussagen dieser Geschichte sind, dass der eine den anderen nicht wirklich verstehen kann. Darum ist es nicht möglich, eine Lösung für eine andere Person zu finden. Nur die Person, die das Problem hat, kennt das Ziel und die Lösung, denn die Lösung befindet sich auf der eigenen Insel (vgl. Kotrba / Miarka 2019, S. 22).

> „Das Ziel zu kennen, macht Erfolg möglich. Es zu verstehen und zu fühlen, macht Erfolg wahrscheinlich!" (Kotrba 2019, S. 66)

11 Die systemisch-lösungsfokussierte Forschungstätigkeit

Für die systemisch-lösungsfokussierte, qualitative Sozialforschung wurde ein Leitfadeninterview mit systemisch-lösungsfokussierten Fragestellungen erstellt. Ziel der Forschung war, die Erfahrungen, subjektiven Wahrnehmungen, Weltbilder, die persönlichen Entwicklungen, individuellen Lösungen und Zukunftsvisionen der Schulverweigerer*innen zu erheben. Kommunizierte und kommunizierbare Bedeutungen wurden als sozialer Ausdruck des menschlichen Lebens verstanden. Sie wurden in ihrer materialistischen Form wie in der Gestalt von Bildern, Handlungen, Sprache oder Dingen empirisch beobachtet und als Phänomene eines Prozesses verstanden (vgl. Fuhs 2007, S. 19).

11.1 Kritischer Diskurs und grundlegende Informationen zum qualitativen Forschungsansatz

Die qualitative Forschungsmethode ist in den letzten Jahren immer bedeutsamer geworden, obwohl es auch kritische Stimmen gibt. Diese Forschungsmethode eignet sich besonders, um Lebenswelten von „innen her" zu beschreiben, zu erforschen und darzustellen. Der Fokus der Forschung liegt im Verstehen von Abläufen, Strukturmerkmalen oder Deutungsmustern. Die subjektive Wahrnehmung des Forschenden wird in der qualitativen Methode zugelassen. Die qualitative Forschung ermöglicht durch ihre Flexibilität und Offenheit auch, dass unzureichend erforschte soziale Wirkungsbereiche erfasst werden. Die Informationen können zur Bildung von Hypothesen dienen und anschließend durch quantitative Methoden weiter untersucht, bestätigt oder verworfen werden (vgl. Flick/Kardoff/Steinke, 2009,13 ff.)

Drei wichtige Leitgedanken und Prinzipien der qualitativen Forschung nach Helfferich (2006), die in dieser Forschungstätigkeit angewandt wurden:

- Filterwirkung: Qualitative Forschung überträgt und übersetzt eine Wahrnehmung in das eigene Bezugssystem. Dabei ist es erforderlich, die Filterwirkung des eigenen Bezugssystems sowie das Vorverständnis so niedrig wie möglich zu halten.
- Offenheit: Die Bereitschaft, das Verständnis durch neue Informationen und Erkenntnisse zu erweitern sowie das eigene Vorverständnis zurückzustellen ist das Grundprinzip der Offenheit in der qualitativen Forschung.
- Respekt vor Fremdheit: Die qualitative Forschung hat Respekt vor der Fremdheit, nimmt diese an und lässt sich auf ein fremdes Bezugssystem ein. Es ist notwendig sich der Subjektivität bewusst zu sein und diese zu reflektieren
(vgl. Helfferich 2006, S. 1 f.).

12 Forschungsdesign

12.1 Das Erhebungsinstrument

Ein wichtiger Faktor der qualitativen Sozialforschung ist das Erhebungsinstrument, weil es die Qualität der Ergebnisse beeinflusst. Das Erhebungsinstrument beschreibt, wie die empirischen Daten erhoben und untersucht werden sollen. Helfferich nennt vier Prinzipien, die beim Erheben von Daten wichtig sind:

- Prinzip der Offenheit: Die Befragten erhalten beim Interview ausreichend Möglichkeiten, eigene Gedanken und Gefühle zu äußern.
- Prinzip der Kommunikation: Beim Interview werden Wechselwirkungen zwischen der forschenden Person und der befragten Person zugelassen, wobei die Kommunikation im Mittelpunkt steht.
- Prinzip der Akzeptanz: Vertraute und fremde Meinungen werden gleichermaßen und in der dargelegten Form akzeptiert.
- Prinzip der Reflexivität: Überlegungen und Reflexionen zur eigenen Person und zum Rollenverständnis werden von der forschenden Person fortlaufend angestellt und bei der Auswertung weitergeführt
  (vgl. Helfferich 2010, S. 24).

12.2 Das systemisch-lösungsorientierte Leitfadeninterview

Der systemisch-lösungsfokussierte Interviewleitfaden ist in Zusammenarbeit mit Schulverweigerer*innen entwickelt worden. Der Interviewleitfaden basiert auf dem Erfahrungsschatz und den Weltbildern der Schulverweigerer*innen. Zudem fließen die Erkenntnisse einer umfangreichen Literaturrecherche zum aktuellen Forschungsstand, eigene Erfahrungen, empirische Befunde, Erkenntnisse sowie Vorüberlegungen und ein daraus resultierendes Vorverständnis und Wissen mit ein (vgl. Friebertshäuser/Langer 2013, S. 439).

Der Interviewleitfaden setzt sich aus Fragen zusammen, die bestimmte Aspekte ansprechen, aber trotzdem offen formuliert sind, um das narrative Potenzial des Interviewten zu nutzen. Der Vorteil eines Leitfadens ist, dass die interessierenden Themenbereiche auch angesprochen werden. Dadurch wird eine Vergleichbarkeit mit den anderen Interviews möglich, die gleich strukturiert sind, weil sie nach demselben Interviewleitfaden durchgeführt wurden (vgl. Friebertshäuser/Langer 2013, S. 439).

Bei der Befragung wurde das teilstandardisiertes Leitfadeninterview gewählt, um die Interviewpartner*innen nicht zu sehr einzuschränken, und um die Reihenfolge der Fragen an den Interviewverlauf optimal anzupassen. Die Vergleichbarkeit der Daten wird durch diese Vorgehensweise erhöht (vgl. Flick 2017, S. 121 ff.).

Durch das unterschiedliche Niveau an Strukturierung des Leitfadens konnte das Gespräch sowohl von der interviewenden als auch von der befragten Person gesteuert und gelenkt werden. So ergab sich eine größere Bewegungsfreiheit und mehr Entfaltungsmöglichkeiten (vgl. Fuhs 2007, S. 73).

Für die Forscherin war es wichtig, darauf zu achten, dass alle vorgesehenen Themen im Interview besprochen werden (vgl. Heistinger 2006, S. 6).

12.2.1 Ablauf des systemisch-lösungsorientierten Leitfadeninterviews

Das Leitfadeninterview setzte sich aus mehreren Phasen zusammen:

- *Einstiegsphase*
  Nach der Begrüßung wurde die zu interviewende Person über die Form, das Ziel und über den Inhalt des Interviews informiert. Die Erlaubnis zur Aufzeichnung wurde eingeholt.
- *Warm-up-Phase*
  Durch systemisch-lösungsorientierte Fragen führte die interviewende Person in das Thema ein.
- *Hauptphase I (Sondierungsfragen)*
  Die systemisch-lösungsfokussierten Fragen aus dem Leitfaden wurden gestellt. Phasen nach dem Frage-Antwort-Schema wechselten mit Phasen, in denen die interviewte Person stärker steuerte. Nach Passung wurden weitere Fragen zum Gesprächsthema gestellt, beispielsweise mit der lösungsfokussierten Fragestellung: „… und was noch?“

- *Hauptphase II (Ad-hoc-Fragen)*
  Die Fragen des Interviewleitfadens, die noch nicht gestellt worden waren, wurden nun gestellt. Die interviewende Person übernahm stärker die Steuerung.
- *Ausklang*
  Die befragte Person wurde aus dem Interview entlassen (vgl. Reinders 2016, S. 187)

12.2.2 Warum systemisch-lösungsfokussierte Fragestellungen im Leitfadeninterview?

Die Fragen wurden in Kooperation mit drei Schulverweigerer*innen entwickelt, weil systemisches Denken die Eigendynamik von Systemen berücksichtigt, außerdem soll der Leitfaden „offen für Modifikationen bleiben, die sich durch Relevanzsetzungen der Befragten ergeben" (Reinders 2016, S. 155).

Es galt durch das systemisch-lösungsfokussierte Interview folgende These zu überprüfen bzw. zu erforschen: „Lösungsfokussierte Fragen regen individuelle Lösungswege an und eröffnen neue Zugänge, Herangehensweisen und Perspektiven" (vgl. Bamberger 2015, S. 72).

12.2.3 Aufbau des Leitfadeninterviews

Der Interviewleitfaden beinhaltet unterschiedliche systemisch-lösungsorientierte Fragestellungen. Zu Beginn wurde eine Frage gestellt, um die Lösungsbereitschaft zu erhöhen, dann folgten eine Skalierungsfrage, hypothetische Fragen, ressourcenorientierte Fragen, Ausnahmefragen, zirkuläre Fragen mit Perspektivenwechsel, zukunftsorientierte Fragen und Reframing. Bei Bedarf wurde im Verlauf der Befragung spontan die Frage "Und was noch?" gestellt.

- Frage zur Erhöhung der Lösungsbereitschaft:
  Diese Fragestellung richtet den Fokus der Aufmerksamkeit auf die Lösungsebene (vgl. Godat 2014, S. 46 f.).
  Beispiel aus dem Interviewleitfaden: *„Was müsste bis zum Ende des Interviews passiert sein, damit du sagen kannst, das Interview hat sich gelohnt?"*

- Skalierungsfragen:
  Skalierungsfragen veranschaulichen Unterschiede, geben Orientierung und eignen sich für Zuordnungen (vgl. Bamberger 2015, S. 331 f.).
  Beispiel aus dem Leitfadeninterview: „*Wie wichtig ist die Zeit der Schulverweigerung für dich? Gib die Wichtigkeit auf einer Skala von 0 bis 10 an (0 = nicht wichtig, 10 = sehr wichtig).*“

- Hypothetische Fragestellung:
  Hypothetische Fragen ermöglichen die Konstruktion von alternativen Möglichkeiten der Wirklichkeit (vgl. Bamberger 2015, S. 329). Die Fragestellungen des Interviewleitfadens sind überwiegend prozessorientiert bzw. legen den Fokus auf Sinnstiftung (vgl. Kindl-Beilfuß 2014, S. 39 ff.).
  Beispiele aus dem Interviewleitfaden: „*Stell dir vor, du hättest die Schule niemals verweigert. Was wäre dann? Würde es einen Unterschied machen?*“; „*Was müsste passieren, damit Schulverweigerung keinen Sinn macht?*“

- Ressourcenorientierte Fragen:
  Diese Fragestellungen dienen der Bewusstmachung und Aktivierung von Ressourcen (vgl. Bamberger; S. 61).
  Beispiel aus dem Interviewleitfaden: „*Welche deiner Fähigkeiten und Potenziale konntest du nutzen oder weiterentwickeln? Hast du dadurch neue Stärken an dir entdeckt?*“

- Ausnahmefragen
  Diese Fragen fokussieren auf positive Ausnahmen und Unterschiede in Problemsituationen. Dadurch wird Lösungspotential sichtbar (vgl. Bamberger 2015, S. 328).
  Beispiele aus dem Interviewleitfaden: „*Stell dir vor, du hättest die Schule niemals verweigert. Was wäre dann? Würde es einen Unterschied machen?*“ „*Wenn du deine Freunde, Eltern oder die Lehrpersonen fragen würdest, was du in dieser Zeit besonders gut gemacht hast, was würden sie sagen?*“

- Zirkuläre Fragen
  Sie laden zum Perspektivenwechsel und zur Außenansicht ein (vgl. Bamberger 2015, S. 328).

Beispiel aus dem Interviewleitfaden: *„Angenommen ein Kollege/eine Kollegin von dir würde die Schule verweigern. Was würdest du der Schule raten?"*

- Zukunftsorientierte Fragen– Lösungsfragen
  Ziel dieser Fragestellungen ist, die gewünschte Zukunft zu fokussieren und Lösungsvisionen zu entwickeln. Durch das Reden über Visionen und Lösungen erschaffen wir die Wirklichkeit (vgl. Godat 2014, S. 100 ff.).
  Beispiel aus dem Interviewleitfaden: *„Welche Visionen hast du? Was ist dein Ausblick?"*
- Die Frage „Und was noch?"
  Die Frage „Und was noch?" richtet den Fokus der Aufmerksamkeit auf Details. Es wird nach all dem weitergefragt, was nach Erfolg, Ressourcen oder Potential aussieht. Die Frage führt zur Öffnung und regt zum Entdecken an (vgl. Bannink 2015, S. 41)
- Abschluss des Interviewleitfadens: Reframing
  Das Reframing, auch Umdeutung genannt, regt zum Hinterfragen der Antworten und Beschreibungen an, die im Interview geäußert werden. Auch das Interviewthema kann umgedeutet werden. Durch diese systemisch-lösungsorientierte Technik besteht die Möglichkeit das Gespräch und die Inhalte in einen anderen Rahmen zu setzen und in einem anderen Licht wahrzunehmen. „Ein Reframing sollte einen prägnanten Unterschied zu der bisherigen Wirklichkeitsansicht herstellen" (Schlippe 2019, S. 78).
  Beispiel aus dem Interviewleitfaden: „Umdeutung-Reframing: *Bitte den Satz vervollständigen: Schulverweigerung ist für mich..."*

12.3 Der systemisch-lösungsfokussierte Interviewleitfaden – „Schulverweigerung als Entwicklungschance"?

1. Begrüßung – Informationen

- In welchem Jahr / in welchen Jahren hast du die Schule verweigert?
- Wie oft bzw. über welchen Zeitraum?
- Verweigerst du derzeit noch die Schule?

2. Erwartungen

- Was müsste bis zum Ende des Interviews passiert sein, damit du sagen kannst, das Interview hat sich gelohnt?

3. Synchronisation-Lösungsvision-Ressourcenfokussierung

- Stell dir vor, du hättest die Schule niemals verweigert. Was wäre dann? Würde es einen Unterschied machen?
- Was müsste passieren, damit Schulverweigerung keinen Sinn macht?
- Was waren/sind deine „Türöffner". Welche Impulse oder Situationen haben dich dazu gebracht, die Schule zu verweigern?
- Wie wichtig ist die Zeit der Schulverweigerung für dich? Gib die Wichtigkeit auf einer Skala von 0 bis 10 an (0 = nicht wichtig, 10 = sehr wichtig).
- Wenn du deine Freunde, Eltern oder die Lehrpersonen fragen würdest, was du in dieser Zeit besonders gut gemacht hast, was würden sie sagen?
- Hast du in der Phase der Schulverweigerung individuelle Lösungen für dich gefunden?
- Welche deiner Fähigkeiten und Potenziale konntest du nutzen oder weiterentwickeln? Hast du dadurch neue Stärken an dir entdeckt?
- Hast du dich durch die Schulverweigerung verändert?
- Was war dein Gewinn dabei, was war der Preis dafür?

4. Ausblick

- Angenommen ein Kollege/eine Kollegin von dir würde die Schule verweigern. Was würdest du dem raten?
- Angenommen ein Kollege/eine Kollegin von dir würde die Schule verweigern. Was würdest du seinen Freunden empfehlen?

- Angenommen ein Kollege/eine Kollegin von dir würde die Schule verweigern. Was würdest du der Familie raten?
- Angenommen ein Kollege/eine Kollegin von dir würde die Schule verweigern. Was würdest du der Schule raten?
- Welche Visionen hast du? Was ist dein Ausblick?
- Möchtest du noch etwas ergänzen?
- Umdeutung/Reframing:

  Schulverweigerung ist mich ______________________________

13 Durchführung des Interviews

Bei der Durchführung der Interviews hielt sich die Forschende an die Ausführungen von Reinders (vgl. Reinders 2016, S. 159 ff.).

Erste Kontaktaufnahme:
Bei der ersten Kontaktaufnahme mit den Jugendlichen wurde auf eine positive und wertschätzende Stimmung geachtet. Vertraulichkeit und Anonymität wurden zugesichert. Die erste Kontaktaufnahme erfolgte persönlich, telefonisch oder über E-Mail. Es bestand die Absicht der forschenden Person, Aufmerksamkeit und Interesse zu erzeugen. Auch der zeitliche Rahmen und der Ort des Interviews wurden gemeinsam ausgewählt und besprochen (vgl. Reinders 2016, S. 160 ff.).

Vor dem Interview:
Vor dem Interview erfolgte die Überprüfung des Aufnahmegerätes. Der Ort des Interviews wurde in den meisten Fällen vorher besichtigt. Auch die Beherrschung des Interviewleitfadens war wichtig, um einen flexiblen Umgang mit den Fragestellungen zu ermöglichen (vgl. Reinders 2016, S. 166 f.).

Verlauf des Leifadeninterviews:
Das qualitative Interview ist „[…] durch die Dialektik eines Gesprächs zwischen Fremden bei gleichzeitiger Anforderung der Vertrautheit gekennzeichnet …" (Reinders 2016, S.202)

Zu Beginn wurde kurz auf das Thema des Interviews eingegangen und dieses in verständlicher Form dargelegt. Anonymität wurde nochmals zugesichert (vgl. Reinders 2016, S. 202 f.)

Warm-up-Phase
In der Warm-up-Phase ging es darum, die Jugendlichen mit den Grundprinzipien des Interviews vertraut zu machen. Es wurde darauf hingewiesen, dass die Fragen nicht nur knapp und kurz beantwortet werden sollten, sondern dass auch die Möglichkeit bestand, eigenständige Redebeiträge zu liefern (vgl. Reinders 2016, S. 204).

Hauptphase I und II

In der Hauptphase I wurden die zentralen Themen des Leitfadens angesprochen und behandelt. "Abschweifungen" trugen zum Prinzip der Öffnung bei und halfen dabei, neue Aspekte des Themas einfließen zu lassen bzw. neue Lösungen zu entwickeln (vgl. Reinders 2016, S. 208).

In der Hauptphase II ging es um ad-hoc-Fragen, die zum Ziel hatten, noch nicht besprochene Themen des Leitfadens anzusprechen, um die Vergleichbarkeit der verschiedenen Interviews zu gewährleisten (vgl. Reinders 2016, S. 215 f.)

Ausklang

Der Zweck dieser Phase war, die Jugendlichen aus der Interviewsituation herauszuführen und das Interview zu beenden. Das Reframing am Ende des Leitfadeninterviews war die Möglichkeit neue Blickwinkel zu öffnen (vgl. Reinders 2016, S. 216 ff.).

14 Stichprobe

Reinders unterscheidet zwischen der deduktiven und induktiven Stichprobenziehung. Bei der deduktiven Stichprobenziehung (Inspektion) liegen bereits Kenntnisse über die Befragten vor. Dadurch ergibt sich der Vorteil, dass die Auswahl der Personen gezielt erfolgen kann. In der induktiven Stichprobenziehung (Exploration) stehen keine Informationen für der Interviewpartner*innen zur Verfügung. In der vorliegenden Forschungsarbeit handelt es sich um eine deduktive Stichprobenziehung, weil die Kenntnis über die Schulverweigerung der Jugendlichen bereits vorlag (vgl. Reinders 2016, S. 119 ff.).

Die Stichprobenziehung erfolgte überwiegend durch Selbstaktivierung. Folgende Eigendynamik des Systems konnte ich diesbezüglich wahrnehmen:

Die Bereitschaft zur Teilnahme ergab sich anfangs durch Aushänge und Mundwerbung. Die ersten Interviews lösten dann das „Schneeballprinzip" aus. Die Jugendlichen informierten sich gegenseitig über das Interview, wonach sich mehrere Schulverweigerer*innen freiwillig zum Interview meldeten (vgl. Reinders 2016, S. 124 f.).

Einzelne Schulverweigerer*innen meldet sich nach einer schriftlichen Anfrage über E-Mail.

Anforderungen an die Interviewpartner*innen

In Anlehnung an Reinders mussten die Jugendlichen dieser Stichprobe folgende Voraussetzungen erfüllen:

- Die befragten Personen mussten Schulverweigerer*innen sein bzw. gewesen sein.
- Die Interviewpartner*innen verfügten über die Fähigkeit der Reflexion über eigene Handlungsweisen sowie über eigene Erfahrungen.
- Die Interviewpartner*innen waren fähig, sich zu artikulieren (vgl. Reinders 2016, S.128).

Weitere Informationen zur Stichprobe

In der vorliegenden empirischen Untersuchung wurden insgesamt 20 Schulverweigerer*innen aus Deutschland, Italien, Österreich und der

Schweiz befragt. Die Interviewpartner*innen waren zwischen 15 und 24 Jahre alt. Zu Beginn wurden drei Probeinterviews zur Überprüfung und Abänderung des Leitfadens durchgeführt. Diese drei Interviewpartner*innen der Probeinterviews kritisierten die Fragestellungen und bezeichneten den Interviewleitfaden als problemorientiert und einseitig. Auf Wunsch der drei Befragten wurde der Interviewleitfaden gemeinsam mit ihnen überarbeitet und mit den Fragestellungen und Vorschlägen der Jugendlichen ergänzt. Der resultierende Interviewleitfaden ist somit durch Partizipation und in Kooperation mit Schulverweigerer*innen entstanden. Die Antworten der ersten drei Probeinterviews wurden bei der Auswertung der Forschungsergebnisse nicht berücksichtigt.

15 Auswertung des Interviews

15.1 Die Transkription der Interviews

Die Interviews wurden in Anlehnung an die Transkriptionsregeln für computerunterstützende Auswertung von Kuckartz (2010) und Dresing / Pehl (2015) transkribiert.

Folgende Transkriptionsregeln wurden hierbei verwendet:

- Es galt das Prinzip der Anonymisierung.
- Das wortwörtliche Transkribieren wurde umgesetzt.
- Dialekte wurden ins Hochdeutsche übersetzt.
- Es erfolgte die Glättung der Sprache und der Interpunktion. Die Sprache wurde dem Schriftdeutsch angenähert.
- Lautäußerungen wurden nicht transkribiert.
- Es wurde keine zusammenfassende Wiedergabe durchgeführt.
- Die Absätze der interviewenden Person wurden mit I gekennzeichnet.
- Die Absätze der befragten Personen erhielten das Kürzel B, z. B. B1 (vgl. Kuckartz 2018, S. 167 f.).

Zwei Interviews wurden übersetzt, und zwar das Interview Nr. 15 von der italienischen Sprache in die deutsche Sprache und das Interview Nr. 14 vom Schweizer-Deutsch in die Hochsprache. Alle Interviews wurden chronologisch gekennzeichnet I1; I2; I3.

15.2 Auswertungsmethode: Qualitative Inhaltsanalyse

Bei der qualitativen Inhaltsanalyse entstehen Interviewprotokolle, Beobachtungsprotokolle sowie auch Dokumente. Diese Rohdaten enthalten gewisse Unschärfen. Es muss folglich noch geklärt werden, welche Informationen relevant sind. Bei qualitativen Auswertungsmethoden ergibt sich die Problematik, dass die Rohdaten belanglose, sich widersprechende und schwer interpretierbar Informationen enthalten können (vgl. Gläser / Laudel 2010, S. 43).

> „Zentral für die qualitative Inhaltsanalyse ist die Idee der Strukturierung des Materials durch Fälle und Kategorien." (Kuckartz 2018, S. 49)

Die Fälle sind die Forschungsteilnehmer, es können aber auch Institutionen, Organisationen, Familien u. a. als Fälle definiert werden (vgl. Kuckartz 2018, S. 49).

Die zweite strukturierende Dimension sind die Kategorien. Kategorien sind das Ergebnis der Klassifizierung von Einheiten. Bei Kategorien kann es sich um Ideen, Prozesse, Argumente usw. handeln (vgl. Kuckartz 2018, S. 31).

Die transkribierten Texte werden demzufolge systematisch analysiert und schrittweise durch Zergliederung bearbeitet (vgl. Fuhs 2007, S. 87).

Ziel der qualitativen Inhaltsanalyse nach Mayring ist, dass eine fixierte Kommunikation analysiert wird, wobei die Analyse nach einer regel- und theoriegeleiteten sowie systematischen Vorgehensweise erfolgt und schlussendlich zur Ableitung logischer Schlussfolgerungen führt (vgl. Mayring 2015, S. 13).

Folgende Techniken und Aspekte qualitativer Inhaltsanalyse sollen nach Mayring bei der Interpretation und Analyse der transkribierten Texte berücksichtigt werden:

- *Einbettung in den Kommunikationszusammenhang*
  Das Material wird in seinem Kommunikationszusammenhang interpretiert sowie auf seine Entstehung bzw. Wirkung hin analysiert.
- *Regelgeleitetes und systematisches Vorgehen*
  Jeder einzelne Schritt der Analyse und jede Entscheidung, die im Auswertungsprozess getroffen wird, muss nachvollziehbar sein und auf eine begründete Regel zurückgeführt werden können.
- *Kategorien stehen im Zentrum der Analyse*
  Im Mittelpunkt des Analysierens stehen die Konstruktion und die Begründung der Kategorien. Das Kategoriensystem ist ein wichtiges Element für die Vergleichbarkeit der Ergebnisse und für die Abschätzung der Reliabilität.

- *Gegenstandsbezug*
  Der Gegenstand steht im Vordergrund. Verfahren sollen adäquat sein, deshalb können sie modifiziert werden und sich der konkreten Studie anpassen.
- *Überprüfung der Instrumente*
  Die Verfahren und Instrumente müssen in einer Pilotstudie getestet werden.
- *Theoriegeleitete Analyse*
  Der zu erforschende Gegenstand wird vom Stand der Forschung her beleuchtet und Gegenstandsbereiche, die vergleichbar sind, werden systematisch herangezogen. Die inhaltlichen Argumentationen haben gegenüber den Verfahrensargumenten Vorrang.
- *Einbezug quantitativer Analyseschritte*
  Eine Integration qualitativer und quantitativer Analyseschritte wird angestrebt, beispielsweise die Anwendung von Computerprogrammen (MAXQDA).
- *Gütekriterien*
  Die Einschätzung nach den Gütekriterien Validität, Objektivität und Realität ist wichtig, um den Standards der qualitativen Analyse zu entsprechen
  (vgl. Mayring 2015, S. 51 ff.).

Mayring entwirft für das Vorgehen ein inhaltsanalytisches Ablaufmodell. Das Ablaufmodell veranschaulicht die einzelnen Analyseeinheiten. Die Stärke und der Vorteil der qualitativen Inhaltsanalyse ist, dass die Analyse in Interpretationsschritte zerlegt wird, die bereits vorher definiert wurden. Auf diese Weise wird die Analyse nachvollziehbar und ist intersubjektiv überprüfbar. Die Analyseeinheiten sind:

- Das Material festlegen
- Entstehungssituation analysieren
- Material charakterisieren
- Analyserichtung festlegen
- Fragestellung theoretisch differenzieren

- Analysetechnik bestimmen
- Analyseeinheiten bestimmen
    - Kodierungseinheit: der kleinste Materialbestandteil
    - Kontexteinheit: der größte Textbestandteil
    - Auswertungseinheit: die Reihenfolge der Auswertung der Textteile
- Analyseeinheiten definieren (Einheiten der Kodierung, des Kontextes und der Auswertung)
- Material analysieren gemäß den Analyseschritten
- Ergebnisse zusammenstellen und interpretieren
- Gütekriterien anwenden
  (vgl. Mayring 2015, S. 62)

Im Zentrum der Analyse steht die Entwicklung des Kategoriensystems. Die Kategorien werden im Wechselverhältnis zwischen dem konkreten Material und der Theorie entwickelt und durch Zuordnungs- und Konstruktionsregeln definiert (vgl. Mayring 2015, S. 61).

In der vorliegenden Forschungsarbeit wurde zuerst die deduktive Kategorienbildung umgesetzt. Auf diese Weise konnten die Themenschwerpunkte, die im Interview erfragt wurden, abgebildet werden. Nachfolgend und ergänzend wurde in der Arbeit die induktive Kategorienbildung verwendet.

15.2.1 Deduktive Kategorienbildung

Die Kategorien werden bereits vor der Analyse erstellt sowie definiert (vgl. Mayring 2015, S. 97 ff.). Das Verfahren der deduktiven Kategorienanwendung wird von Mayring wie folgt beschrieben:

- Definition von Kategorien: Textbestandteile, die einer Kategorie zugeordnet werden können, werden aus dem Material extrahiert.
- Ankerbeispiele: Konkreten Textstellen aus den Kategorien werden als Ankerbeispiele angeführt.
- Kodierregeln: Bei Abgrenzungsproblemen zwischen Kategorien, werden klare Regeln formuliert, um die eindeutige Zuordnung zu möglichen (vgl. Mayring 2015, S. 97 ff.).

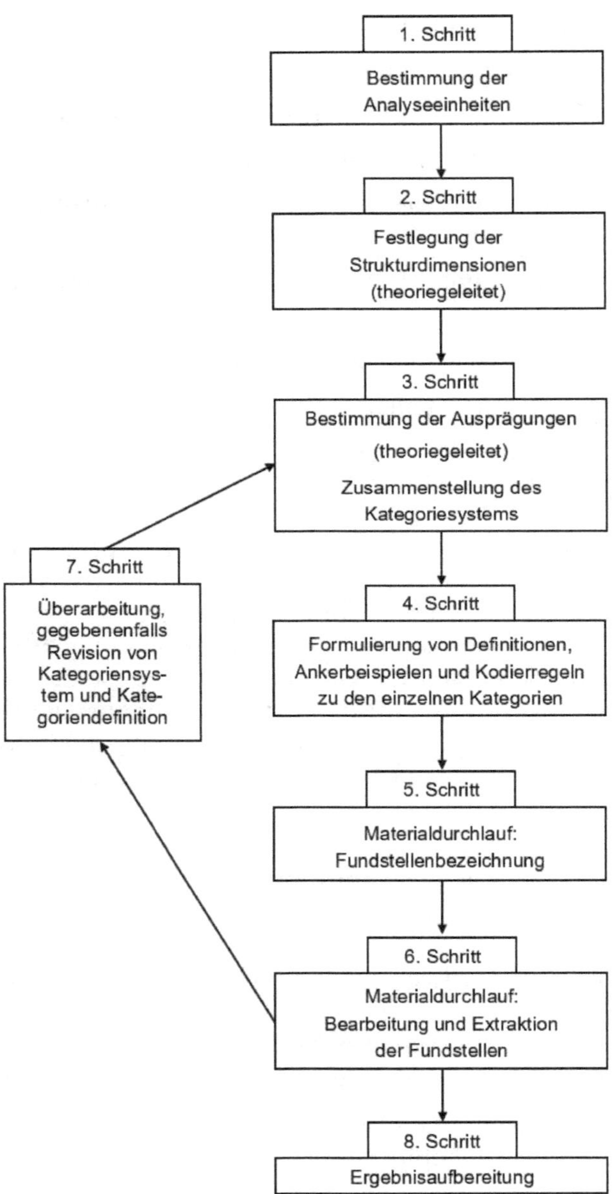

Abb. 25: Modell der strukturierenden Inhaltsanalyse nach Mayring (nach Mayring 2015, S. 98)

15.2.2 Induktive Kategorienbildung

Aus dem Material werden die Kategorien direkt abgeleitet. Mayring bezeichnet diese Form der Kategorienbildung als zusammenfassende Inhaltsanalyse. Das Ziel der induktiven Kategorienbildung ist, Textelemente einzugrenzen und dabei den Kern des Inhalts nicht zu verändern. Transkribierte Aussagen der befragten Personen sollten reduziert werden, sodass die grundlegenden und aussagekräftigen Teile des Inhalts beibehalten werden. Inhaltsgleiche Aspekte können zusammengefasst werden und bilden dann eine Kategorie. Sie werden also kodiert (vgl. Mayring 2015, S. 68 ff.).

Materialdurchlauf und Fundstellenbezeichnung sowie die Bearbeitung und Extraktion der Fundstellen wurden mit MAXQDA durchgeführt.

15.2.3 Qualitative Datenauswertung durch MAXQDA

Zur Unterstützung der qualitativen Datenauswertung wurde das Softwareprogramm MAXQDA benutzt. QDA ist die Abkürzung für qualitative Datenanalyse.

Mithilfe des Computerprogramms werden qualitative Daten analysiert. Die Software erleichtert eine Vielzahl von Auswertungsoperationen, die grundlegende Bestandteile eines qualitativen Forschungsprozesses sind. Das Datenmaterial wird in das Verarbeitungsprogramm importiert, indem die vorbereiteten Dokumente mit der Maus in das Programm gezogen werden. Die Datenformate DOCX, DOC oder RTF sind den PDF- Dokumenten vorzuziehen, weil die Texte in den genannten Dateiformaten in MAXQDA bearbeitet werden können. Die Software ermöglicht eine automatische Zuordnung von Absätzen bzw. Zeilennummern. Das Markieren in verschiedenen Farben ist möglich sowie das Hinzufügen von Kommentaren (vgl. Kuckartz 2018, S. 174 f.).

Für die Datenauswertung wurden die Interviews der Jugendlichen als Word- Textdokumente in MAXQDA importiert. Die Absätze wurden automatisch zugeordnet. Diese dienten als Quellennachweis für die Aussagen der Interviewten. Die Interviews wurden als PDF- Dateien exportiert.

15.3 Kategorienbildung

Durch den Forschungsprozess ergaben sich acht Hauptkategorien und mehrere Unterkategorien. Die Kategorienbildung erfolgte deduktiv und induktiv. Die Unterkategorien K5.5 und K5.6 sowie K7.1 bis K7.4 wurden in dieser Arbeit zusammengenommen, weil sich die Inhalte und Forschungsergebnisse überschneiden. Durch die Zusammenlegung können die Forschungsergebnisse klarer und verständlicher dargelegt werden.

Abkürzung	Hauptkategorien	Abkürzung	Unterkategorien
K1	**Dauer der Schulverweigerung**		
K2	**Entscheidungen**	K2.1 K2.2	Brechen von Mustern Entscheidung für mehr Würde
K3	**Rechtfertigungen für Abwesenheiten**		
K4	**Schulverweigerung, ein zirkulärer Prozess mit unterschiedlichen Phasen**	K4.1 K4.2 K4.3 K4.4 K4.5 K4.6 K4.7 K4.8 K4.9	Phase 1: Ursachen Phase 2: Türöffner Phase 3: Entscheidung Phase 4: Euphorie und Wohlbefinden Phase 5: Verstärkung und Transformation Phase 6: Krise Phase 7: Wechsel-Wirkungen Phase 8: Experimentierphase und Neu-Orientierung Phase 9: Weiter-Entwicklung
K5	**Lösungswege, Bewältigungsstrategien und neue individuelle Lösungen in der Zeit der Schulverweigerung**	K5.1 K5.2 K5.3 K5.4 K5.5–K5.6 K5.7 K5.8 K5.9 K5.10	Fokus auf Wirkungsvolles und gut Funktionierendes Zukunftsbilder Beratung, Coaching und Gespräche Eigener Lebensrhythmus Distanz und Rückzug Ablenkung Kreatives Schaffen Provokation und Ausloten der eigenen Grenzen Verreisen

K6	**Lösungswege, Bewältigungsstrategien und individuelle Lösungen aktivieren Weiter-Entwicklung**		
K7	**Kompetenzentwicklung, Ressourcennutzung, Potentialentfaltung und Sinnfindung in der Zeit der Schulverweigerung**	K7.1–K7.4 K7.5 K7.6 K7.7	Entfaltung der eigenen Kompetenzen Ressourcennutzung Potentialentfaltung Sinnfindung
K8	**Lösungsvisionen und die perfekte Zukunft der Schulverweigerer*innen**	K8.1 K8.2 K8.3 K8.4 K8.5 K8.6 K8.7 K8.8 K8.9	Veränderung des Schulsystems und der Curricula Fächerübergreifendes Unterrichtsfach „Lösungskompetenz" Mehr systemisch-lösungsorientierte Beratung und Kurzzeitcoaching für Schulverweigerer*innen Vernetzte Prävention, Intervention und Rehabilitation Unterstützergruppen an den Schulen mit externen Expert*innen der Schulverweigerung Partizipation, Mitbestimmung und Mitarbeit Expertentum Veränderungen im Unterricht systemisch-lösungsfokussierter Entwicklungskoffer und Plattform für Schulverweigerer*innen

16 Strukturierte Ergebnisse und Auszüge aus den Transkripten nach den Kategorien

Im folgenden Kapitel werden die strukturierten Ergebnisse und Auszüge aus den Transkripten der Interviews vorgestellt, und zwar nach den festgesetzten Kategorien. Die Struktur ergibt sich aus dem Interviewleitfaden und den induktiven Kategorien.

Folgende Abkürzungen werden hierbei verwendet:

Kx	F...Kategorie, Frage, Code; x... 1 bis
Ix	I...Transkript Interview; x.... 1 bis 20
Bx	B...befragte Person (identisch mit dem entsprechenden Interview); x... 1 bis 20
Abs. x	Abs.... Absatznummer; x... 1 bis Dateiende.

16.1 K1 – Dauer der Schulverweigerung

Bei der Befragung stellte sich heraus, dass die Jugendlichen die Schule unterschiedlich lange verweigerten. Eine Befragte gab an, die Schule ein Jahr lang (vgl. I9, Abs. 7) verweigert zu haben und einige Jugendliche sprachen von zwei Jahren (vgl. I10, Abs. 6; I11, Abs. 9; I14, Abs.9). Sieben Proband*innen merkten an, die Schule drei Jahre lang verweigert zu haben (vgl. I1, Abs. 8; I2, Abs. 7; I7, Abs. 7; I8, Abs. 6; I17, Abs. 9; I18, Abs. 7; I20, Abs. 7). Fünf Jugendliche erzählten von vier Jahren Schulverweigerung (vgl. I3, Abs. 8; I4, Abs. 8; I13, Abs. 7; I16, Abs. 7; I19, Abs. 7) und drei Befragte merkten an, die Schule insgesamt fünf Jahre lang verweigert zu haben (vgl. I5, Abs. 7; I6, Abs. 7; I12, Abs. 7). In den Interviews wird ersichtlich, dass alle Befragten die Schulverweigerung im Laufe der Zeit intensiver (vgl. I19, Abs. 9) auslebten und verstärkten (vgl. B14, Abs. 25). Die Antworten der Jugendlichen in den durchgeführten Interviews ergaben zudem, dass alle Proband*innen die Schule zu Beginn nur einzelne Stunden (vgl. I9, Abs. 9) oder Tage (vgl. I6, Abs. 9; I12, Abs. 7; I13, Abs. 9) verweigerten, dass das Ausmaß ihrer Abwesenheiten jedoch mit der Zeit zunahm (vgl. I19, Abs. 10).

Einige Jugendliche drückten dies wie folgt aus:

„Ich habe in der ersten Oberschule begonnen mit einzelnen Tagen und in der vierten und fünften Oberschule häufiger. Manchmal auch mehrere Tage hintereinander." (I6, Abs. 9)

„Ich habe 3 Jahre lang die Schule verweigert, und zwar von Jahr zu Jahr immer öfter. Am Anfang habe ich nur manchmal gefehlt und meine Mutter hat mir die Entschuldigungen auch immer unterschrieben. Dann habe ich begonnen immer dann Schule zu schwänzen, wenn ich es nicht schaffte auf Tests zu lernen." (I7, Abs. 7)

„Später schwänzte ich dann regelmäßig einmal in der Woche. Manchmal hatte ich keine Energie mehr, das Versäumte nachzuholen und so wurden die Lücken immer größer und ich schwänzte immer öfter." (I7, Abs. 7)

„Ich habe die Schule die gesamte Oberschulzeit über verweigert, also 5 Jahre lang. Ich habe in der ersten Oberschule begonnen mit einzelnen Tagen und in der vierten und fünften Oberschule häufiger. Manchmal auch mehrere Tage hintereinander." (I12, Abs. 7).

Interpretation

Die Schulverweigerer*innen gaben an, dass Schulverweigerung unterschiedlich lange dauert. Der Prozess entwickelte sich eigendynamisch und verstärkte sich selbst (vgl. dazu Kap. 6.1). Seeliger spricht in diesem Zusammenhang von einem Kreislauf, dem ein chronischer Charakter zugrunde liegt (vgl. Seeliger 2015, S. 28 f.).

16.2 K2 – Entscheidungen

Mehrere Jugendliche gaben beim Interview an, dass das Verweigern der Schule eine von ihnen bewusst getroffene Entscheidung war (vgl. I2, Abs. 9; I5, Abs. 13; I10, Abs. 8). Eine Befragte drückte dies mit folgenden Worten aus:

„Ich hatte keinen Bock mehr auf Schule und deshalb habe ich beschlossen, nicht mehr zu gehen." (I12, Abs. 9)

K2.1 Brechen von Mustern

Bei der Befragung stellte sich heraus, dass mehrere Jugendliche Schulverweigerung mit dem Brechen von Mustern in Verbindung brachten (I4, Abs. 25; I5, Abs. 13; I7, Abs. 13; I9, Abs. 37; I14, Abs. 7; I16, Abs. 28; I18, Abs. 9).

Eine Person begründete das Muster brechen wie folgt:

„Es war ein bewusstes Muster brechen gegen das bestehende Schulsystem." (I14, Abs. 7)

K2.2 Entscheidung für mehr Würde

Eine Befragte stellte im Interview eine Verknüpfung zwischen Schule und menschlicher Würde her. Sie bezeichnete die Schule als einen Trauerort.

„Schule ist ein Trauerort. Es fehlt an Würde." (I3, Abs. 14)

Interpretation

Die Antworten der Jugendlichen ergaben, dass Schulverweigerung mit persönlichen Entscheidungen zusammenhängt.

16.3 K3 – Rechtfertigungen für schulische Abwesenheiten

Mehrere Befragte gaben im Interview an, dass sie sehr kreativ im Ausdenken und Erfinden von Rechtfertigungen waren (vgl. I2, Abs. 29; I3, Abs. 51; I4, Abs. 24; I16, Abs. 34; I16, Abs. 34; I17, Abs. 28, I18, Abs. 23). Die meisten Jugendlichen fälschten die Unterschrift der Eltern, weil die Erziehungsberechtigten nichts von der Schulverweigerung wussten. Eine Person merkte an, dass ihre Mutter zu Beginn die Abwesenheiten rechtfertigte, zu einem späteren Zeitpunkt aber nicht mehr (vgl. I7, Abs. 7). Eine Mutter unterschrieb die Rechtfertigungen, weil sie überzeugt war, dass die Tochter krank war (vgl. I13, Abs. 23). Eine Befragte gab an, in der Schule bewusst keine Entschuldigungen abgegeben zu haben, um gegen das System zu protestieren. Sie merkte dies wie folgt an:

„Entschuldigungen gab ich keine in der Schule ab, ich wollte ja, dass sie begreifen, wie sinnlos das System ist." (I20, Abs. 25.)

Eine Jugendliche äußerte sich zu ihren Entschuldigungen folgendermaßen:

„Die Entschuldigungen habe ich immer selber gefälscht und dabei recht unterschiedliche Entschuldigungen erfunden, von Krankheit über familiäre Gründe bis hin zum Verschlafen. Manchmal gab ich auch an, dass ich den Bus versäumt hatte, oder dass meine Mutter mich nicht geweckt hatte. Ich bin oft extra zum Hausarzt hin und habe über Bauchschmerzen geklagt, obwohl ich keine hatte. Dann hat er mir Medizin verschrieben und ein ärztliches Zeugnis ausgestellt und ich bin dann gemütlich mehrere Tage zu Hause geblieben." (I11; Abs. 15)

Die Rechtfertigungen der Schulverweigerer*innen waren vielfältig.

Viele Personen gaben an, den Bus oder Zug versäumt zu haben (vgl. I1, Abs. 12; I2, Abs. 29; I9, Abs. 9; I11, Abs. 15; I13, Abs. 23; I14, Abs. 25; I19, Abs. 10). Das Versäumen des Busses oder Zuges verknüpften mehrere Befragte mit anderen Begründungen, wie beispielsweise verschlafen haben (vgl. I1, Abs. 12; I11, Abs. 15), einen kaputten Wecker zuhause zu haben (vgl. I2, Abs. 29; I3, Abs. 28; I7, Abs. 11; I16, Abs. 34; I17, Abs. 28), oder dass sie nicht von der Mutter geweckt worden waren (vgl. I11, Abs. 15).

Durch die Interviews wurde ersichtlich, dass viele Jugendliche ihre Abwesenheiten mit Arztbesuchen rechtfertigten. (vgl. I1, Abs. 12; I2, Abs. 29; I9, Abs. 9; I11, Abs. 15; I13, Abs. 25; I14, Abs. 25; I16, Abs. 34). Eine Person gab im Interview an, dass sie einen Termin beim Psychologen hatte und gab dies als Rechtfertigung an (vgl. I3, Abs. 28).

Eine Person erzählte, dass sie öfters ins Krankenhaus gegangen war, um dort Blutproben zu machen, weil dies unauffällig war (vgl. I5, Abs. 13). Viele der Befragten gaben an, Blutproben im Krankenhaus gemacht zu haben oder in die Erste Hilfe gegangen zu sein (vgl. I7, Abs. 11).

Einige Jugendliche rechtfertigten ihre Abwesenheit durch plötzliche Übelkeit im Unterricht, Ohnmacht im Klassenzimmer und Atembeschwerden (vgl. I10, Abs. 8).

Einige interviewte Personen gaben als Rechtfertigung für die Fehlzeiten familiäre oder persönliche Gründe an (vgl. I2, Abs. 29).

Hierzu einige Rechtfertigungen, die für Schulverweigerung verwendet wurden:

„Ich habe oft einfach gesagt, dass ich zum Zahnarzt muss, wegen der Zahnspange. Ich bin dann kurz zum Zahnarzt hin, hatte eine Kontrollvisite von einer halben Stunde, bin aber dann den ganzen Tag der Schule ferngeblieben und habe mir einen schönen Tag gemacht." (I9, Abs. 9)

„Ich hatte aufgrund meiner psychosomatischen Störung öfters einen Termin beim Psychologen. Das war toll, denn der Termin dauerte eine Stunde, ich blieb aber den ganzen Tag von der Schule weg." (I3, Abs. 28)

„Ich fiel auch plötzlich in Ohnmacht. Genau in der Stunde vor dem Mathematiktest. Daraufhin wurde ich in die Schulklinik aufgenommen und durfte mich dort für einige Stunden hinlegen." (I9, Abs. 9)

„Ich schrieb bei der Entschuldigung, dass ich zu einer Hochzeit eingeladen war, obwohl es nicht stimmte." (I2, Abs. 29).

Interpretation

Die Antworten der Jugendlichen ergaben, dass ihre Begründungen für Abwesenheiten in der Schule nur partiell der Wahrheit entsprachen und oft ausgedacht und erfunden wurden. Laut den Aussagen der Befragten wurden Rechtfertigungen oft unklar formuliert oder von den Jugendlichen selbst ausgedacht, geschrieben bzw. unterschrieben. Manchmal deckten die Eltern ihre Kinder durch beschönigende Erklärungen (vgl. Barth 2015, S. 114). Diese Tatsachen führten zur Verzerrung.

16.4 K4 – Schulverweigerung ein zirkulärer Prozess mit unterschiedlichen Phasen

Bei der Durchführung der Interviews stellte sich heraus, dass alle Jugendlichen die Schulverweigerung als einen dynamischen Prozess wahrnahmen, der durch Unterschiede und unterschiedliche Phasen gekennzeichnet war.

Eine Befragte beschrieb den Prozess und die unterschiedlichen Phasen der Schulverweigerung wie folgt:

„Ich habe die Zeit der Schulverweigerung sehr unterschiedlich erlebt. Die Schule ist mir schon vor der Schulverweigerung für lange Zeit auf die Nerven gegangen. Dann habe ich zuerst unbewusst und dann bewusst reagiert und verweigert. Die Inhalte waren immer nur langweilig und zum Teil

sinnlos. Ich verweigerte die Schule immer öfter und auf unterschiedliche Art und Weise. Am Anfang ging es mir richtig gut. Doch mit der Zeit verschlimmerte sich meine Situation, weil mir immer mehr der Anschluss in der Schule fehlte. Mir fehlten die Inhalte und ich war nicht mehr am Laufenden. Es ging mir immer, immer schlechter. Irgendwann war ich verzweifelt und fiel in ein tiefes Loch. Durch den Kontakt mit meinem Hund, durch viel schlafen und Meditation gelang es mir dann, diese Situation zu verändern." (I9, Abs. 27)

K4.1 Phase 1: Ursachen

Schulsystem

Die Jugendlichen gaben bei der Befragung unterschiedliche Ursachen für die Schulverweigerung an. Mehrere Personen kritisierten das Schulsystem. Für eine Person war die Schulverweigerung eine Möglichkeit, gegen das Schulsystem zu protestieren und dabei individuelle Lösungen zu finden (vgl. I18, Abs. 25). Viele Befragte gaben an, dass sie die schulischen Lerninhalte als langweilig und / oder lebensfremd empfanden (vgl. I1, Abs. 12; I3, Abs. 14; I4, Abs. 10; I7, Abs. 27; I8, Abs. 33, I9, Abs. 27; I11, Abs. 25). Einige Schulverweigerer*innen sprachen davon, unterfordert gewesen zu sein (vgl. I4, Abs. 10; I8, Abs. 33). Andere wünschten sich mehr Partizipation (vgl. B4, Abs. 44) oder bezeichneten den Lernstoff als sinnlos (vgl. I9, Abs. 27; I11, Abs. 15). Mehrere Jugendliche kritisierten die Methoden der Lehrpersonen und wünschten sich ein offenes, bedürfnisorientiertes und aktives Lernen (vgl. I8, Abs. 23). Ein Jugendlicher gab im Interview an, dass die Lehrpersonen ihm zu wenig Verständnis entgegengebracht (vgl. I11, Abs. 15) und ihn ungerecht, verletzend und abwertend behandelt hatten (vgl. I1, Abs. 12). Eine Befragte merkte an, dass Lehrpersonen keine Ahnung vom Leben haben (I19, Abs. 35). Eine Interviewpartnerin sah Schulverweigerung als Chance, die verstaubte Gesellschaft und das veraltete Schulsystem zu verändern ((I1, Abs. 57).

Hierzu einige Auszüge aus den Transkripten:

„Es ist an der Zeit die Schulverweigerung als Chance zur Entwicklung und als etwas Positives zu sehen, etwas, das unsere verstaubte Gesellschaft und unser veraltetes Schulsystem voranbringt." (I1, Abs. 57)

„Das Konstrukt Schule, mit dem konnte ich nicht umgehen. Ein offenes Lernen, das auf meine Bedürfnisse eingeht, ein gezieltes, aktives und spielerisches Lernen hätte ich gebraucht, nicht trockenes Lernen." (I8, Abs. 23)

„Wir lernen sowieso nur Dinge, die wir im Leben nicht brauchen. Macht ja keinen Sinn das Ganze. Die Schule war mir zu langweilig." (I1, Abs. 12)

„Ich dachte mir, dass die Lehrpersonen ja sowieso nichts vom Leben wissen." (I19, Abs. 35)

Konflikte und Mobbing

Drei Jugendliche gaben im Interview an, dass sie Konflikte und Probleme mit Lehrpersonen hatten und deshalb die Schule verweigerten (vgl. I1, Abs. 32; I6, Abs. 25 I8, Abs. 25). Drei Personen erlebten in dieser Zeit Mobbing in der Klasse durch Mitschüler*innen (vgl. I4, Abs. 25; I5, Abs. 33; I10, Abs. 22).

„Dann war im Schulsystem dieser Lateinprofessor, der sehr kategorisch gelehrt hat, so hat der mir Privatunterricht angeboten und es war bekannt was da abläuft. Das wollte ich nicht, dann war ich unten durch. Der hat mich massiv in der Klasse angegriffen und je mehr er mich angegriffen hat, desto mehr habe ich verweigert." (I8, Abs. 25)

„Die haben mich in der Klasse immer nur gemobbt, weil ich nicht modisch gekleidet bin, aber meine Eltern können sich das nicht leisten" (I4, Abs. 25).

„Ich wollte […] nicht mehr Schule gehen, weil ich mich in der Klasse nicht mehr zurechtgefunden habe und ziemlich gemobbt wurde." (I5, Abs. 13)

„Zudem hatte ich persönlich ein großes Problem mit einer Lehrperson, welches sich in Form von Mobbing ihrerseits äußerste." (I10, Abs. 22)

Mangelnde Präsenz

In den Interviews merkten einige Jugendliche an, dass die Beziehungspersonen zu wenig präsent waren und die Befragten deshalb die Schule verweigert hatten (vgl. I2, Abs. 51; I3, Abs. 12; I4, Abs. 25; I16, Abs. 26). Eine Jugendliche gab an, dass die Eltern viel arbeiteten und nie Zeit hatten (I4, Abs. 25). Auch mangelnde Präsenz der Lehrpersonen (vgl. dazu Kap. 16.8. K8.8) wurde von mehreren Schulverweigerer*innen thematisiert (vgl. I3, Abs. 59; I8, Abs. 31).

Einige Interviewpartner*innen äußerten sich zu Präsenz folgendermaßen:

„Vielleicht kümmern sich meine Eltern mehr um mich, wenn ich protestiere und nicht mehr zur Schule gehe. Die sind ja nie da." (I3, Abs. 12)

"Meine Eltern müssen immer nur arbeiten und haben nie Zeit für mich. Ich bin den ganzen Tag immer allein und muss schauen, wie ich meinen Tag plane. Die Eltern denken nur an die Arbeit und das Geld. Weil sich niemand um mich kümmert, tu ich halt, was ich will. Ist eh scheiß egal." (I4, Abs. 25)

K4.2 Phase 2: Türöffner

Bei der Durchführung der Interviews stellte sich heraus, dass mehrere Jugendliche einen Türöffner (konkreter Anlass) für die Schulverweigerung angeben hatten. Mehrere Personen nannten als Türöffner eine bevorstehende Leistungsüberprüfung, die mit einem großen Leistungsdruck einherging. (vgl. I6, Abs. 25; I7, Abs. 27; I9, Abs. 25; I11, Abs. 30; I17, Abs. 23) Einige befragte Personen gaben Türöffner in Form von besonderen Situationen an. Streit und Probleme mit Freunden, Familienmitglieder oder Lehrpersonen kurbelten laut ihren Aussagen die Schulverweigerung an (vgl. I6, 25; I7, Abs.27; I9, Abs. 25; I12, Abs. 25; I14, Abs. 25; I15, Abs. 23). Ein Jugendlicher verweigerte die Schule, weil zuvor ein Streit mit einer Lehrperson stattgefunden hatte (I2, Abs. 25). Von einer Person wurde ein schwerer Schicksalsschlag als Türöffner angemerkt (vgl. I12; Abs. 25). Eine Befragte führte an, dass es das Gespräch mit der Mutter war, welches sie zur Schulverweigerung bewogen hatte ((I6, Abs. 25).

„Der Auslöser war ein Test und der Streit mit meiner Freundin. Ich hatte für den Test zu wenig gelernt und die Lehrperson bewertete sehr schlecht. Ich hatte Angst, dann im Zeugnis eine negative Note zu bekommen. Meine erste Freundin hatte am Tag vorher mit mir Schluss gemacht und ich war einfach nicht mehr in der Lage gewesen zu lernen. Ich wollte gute Leistungen in der Schule erbringen, aber ich hatte keine Energie mehr." (I7, Abs. 27)

„Ich hatte an diesem Tag verschlafen und wollte dann auf die zweite Stunde in die Schule gehen, aber meine Mutter hat mit mir so geschimpft und so einen Druck auf mich ausgeübt, dass ich mich im Zimmer eingesperrt habe. Das war der Auslöser. Danach habe ich dann begonnen öfter die Schule zu verweigern." (I14, Abs. 25)

„Mir gingen die Lehrer nur noch auf die Nerven. Dann schimpfte ein Lehrer mit mir, obwohl ich gar nichts getan hatte. Er behandelte mich von oben herab und urteilte über mich, ohne mich zu Wort kommen zu lassen. Ich war so zornig, dass ich beschloss, einen Tag nicht zur Schule zu gehen. Ich ließ mir diese Beleidigungen nicht mehr gefallen." (I2, Abs. 25)

„Ich hatte große Probleme in der Familie. Mein Vater ist verunglückt und nach mehreren Wochen im Koma gestorben. Meine Mutter ist mit der Situation nicht fertig geworden und wurde depressiv. Der Auslöser war die Beerdigung meines Vaters." (vgl. I12; Abs. 25)

„Der Türöffner war ein Gespräch mit meiner Mutter. Sie hat volles Verständnis dafür gezeigt, dass ich Schule schwänze. Nachdem meine Mutter so reagiert hat, fand ich es nicht mehr so schlimm und tat es einfach. Ich hatte in dieser Zeit großen Druck und Stress in der Schule und schaffte es nicht, auf alle Tests zu lernen. Außerdem hatte ich einen Konflikt mit einer Lehrperson." (I6, Abs. 25)

K4.3 Phase 3: Entscheidung

Viele Jugendliche gaben an, dass sie bewusst entschieden hatten, bestehende Muster und Strukturen zu durchbrechen. Einigen ging die Schule auf die Nerven (vgl. I2, Abs. 11; I3, Abs. 14; I5, Abs. 13; I9, Abs. 27; I17, Abs. 23), andere wollten bewusst gegen das System Schule protestieren (vgl. I3, Abs. 12; I5, Abs. 13; I15, Abs. 21; I18, Abs. 25; I20, Abs. 23). Eine Person fühlte sich entmündigt (vgl. I4, Abs. 44).

Hierzu einige Auszüge aus den Transkripten:

„Mir ging die Schule so auf die Nerven und das ganze System, dass ich beschlossen habe zu protestieren und nicht mehr regelmäßig hinzugehen." (I5, Abs. 13)

„Wir Jugendliche müssen uns doch nicht alles gefallen lassen und nur Schule gehen, weil andere es wollen. Wichtig ist, was ich will und worin ich

einen Sinn sehe. Für mich macht die Schule in ihrer heutigen Form keinen Sinn und deshalb hatte ich dann auch entschieden, gegen das veraltete und starre System zu rebellieren, indem ich nicht mehr regelmäßig zur Schule gegangen bin. Ich will eine Veränderung und die Lehrpersonen aus ihrem Dornröschenschlaf aufwecken." (I20, Abs. 23)

K4.4 Phase 4: Euphorie und Wohlbefinden

In den Interviews wurde ersichtlich, dass sich viele Jugendliche zu Beginn des Schulverweigerungsprozesses gut fühlten, und dass ihr Wohlbefinden anstieg. Mehrere gaben an, euphorisch gewesen zu sein (vgl. I2, Abs. 34, I4, Abs. 24; I6, Abs. 25; I8, Abs. 35; I11, Abs. 38; I13, Abs. 23; I17, Abs. 23; I19, Abs.11 bzw. 34). Einige Jugendliche waren erleichtert, weil der große Druck weggefallen war (vgl. I3, Abs. 30; I19, Abs. 11). Eine Person sagte, dass sie stolz auf sich selbst gewesen war, weil sie mutig gewesen war und das getan hatte, was sie wollte (vgl. I17, Abs. 23).

Einige Schulverweigerer*innen beschrieben diese Phase folgendermaßen:

„Am Anfang war ich noch stolz auf mich, dass ich das tat, was ich wollte. Ich war so komisch euphorisch und glücklich." (I17, Abs. 23)

„Ich hatte anfangs immer Spaß, war euphorisch und habe mich gut gefühlt. Ich war deshalb richtig euphorisch, weil ich tun konnte, was ich wollte." (I13, Abs. 23)

„Ich fühlte plötzlich eine große Erleichterung. [...] und hatte mehr Lebensfreude." (I3, Abs. 30)

„Auf einmal war der große Druck weg und ich fühlte mich leicht und erleichtert." (I19, Abs. 11)

K4.5 Phase 5: Verstärkung und Transformation

Alle Jugendlichen gaben an, dass sie im Laufe der Zeit die Schule immer häufiger verweigerten. Viele änderten und transformierten auch fortlaufend die Strategien der Verweigerung, um unentdeckt zu bleiben (I4, Abs. 24).

„Ich verweigerte die Schule zuerst einmal, dann zweimal pro Woche, zuerst unauffällig, dann immer auffälliger.“ (I15, Abs. 9). *„Ich habe in der ersten Oberschule begonnen mit einzelnen Tagen und in der vierten und fünften Oberschule häufiger. Manchmal auch mehrere Tage hintereinander.“* (I13, Abs. 9)

„Ich verweigerte die Schule in immer wieder neuer Form. Dadurch war es nicht so auffällig.“ (I4, Abs. 24)

K4.6 Phase 6: Krise

Viele Jugendliche merkten im Interview an, dass sie in der Zeit der Schulverweigerung Phasen der Krise (vgl. I1, Abs. 42; I2, Abs. 28; I3, Abs. 30; I5, Abs. 13; I7, Abs. 9; I8 Abs. 37; I18, Abs. 25; I19, Abs. 35), des inneren Konfliktes (vgl. I7 Abs. 9; I8, Abs. 37), der Unsicherheit (vgl. I1, Abs. 10; I3, Abs. 47; I4, Abs. 24; I5, Abs. 38; I8, Abs. 37; I14, Abs. 52) und des Chaos (vgl. I4, Abs. 24; I9, Abs. 11; I10, Abs. 8) durchlebt hatten. Mehrere Jugendliche gaben zudem an, in dieser Zeit Ängste entwickelt zu haben. Eine befragte Person erzählte, dass sie Angst hatte, die Kontrolle über ihr Leben zu verlieren (vgl. I1, Abs. 34). Ein Jugendlicher hatte Angst, das Schuljahr nicht zu schaffen. (vgl. I5, Abs. 38) Eine Person sprach von ihrer Angst, den Weg zurück in die Schule nicht mehr zu finden und dann in der Gosse zu landen. (vgl. I1, Abs. 42) Eine Befragte hatte Angst zu scheitern (vgl. I19, Abs. 35). Eine Jugendliche äußerte ihre Angst, keine Energie mehr zu haben (vgl. I1, Abs. 42).

Hierzu einige Auszüge aus den Transkripten:

„Im Laufe der Zeit gab es auch eine Zeit der Krise und Verunsicherung. Ich war verwirrt und durcheinander. Ich konnte keinen klaren Gedanken mehr fassen und fühlte mich schlecht.“ (I5, Abs. 13)

„Irgendwann im Laufe der Schulverweigerung fiel ich in ein tiefes Loch. Ich war voll in der Krise und trug mit mir selbst einen inneren Konflikt aus. Ich wusste nicht mehr weiter und ich war völlig fertig und durcheinander.“ (I7, Abs. 9)

„Es gab am Höhepunkt der Verweigerung auch eine Phase, in der ich nur Chaos im Kopf hatte und total durcheinander war. Ich konnte keinen Gedanken mehr zu Ende denken.“ (I10, Abs. 8)

„Ich hatte oft Angst, den Weg zurück nicht mehr zu schaffen und in der Gosse zu landen, so wie es mir meine Lehrerin ja vorausgesagt hatte. Ich hatte Angst, dass mir die Energie ausgeht." (I1, Abs. 42)

K4.7 Phase 7: Fokus Wechsel-Wirkungen

Alle Personen merkten in den Interviews an, dass sich im Verlauf der Schulverweigerung ihre Aufmerksamkeit und Wahrnehmung veränderte. Viele richteten ihren Fokus vermehrt auf Wechselwirkungen. Für viele waren die Wechselwirkungen zwischen Lösungssuche, Lösungen und Entwicklung intensiv wahrnehmbar. Einige suchten bewusst nach neuen Lösungen und nahmen dabei unterschiedliche Wechselwirkungen wahr (vgl. I2, Abs. 34; I5, Abs. 13; I8, Abs. 34; I9, Abs. 11; I10, Abs. 8; I13, Abs. 25; I19, Abs. 11). Eine Person thematisierte die Wechselwirkung zwischen Problem und Lösung. Sie nahm wahr, dass die ursprüngliche Lösung "Schulverweigerung" mit der Zeit zum Problem wurde (I18, Abs. 25). Eine Befragte sprach von Wechselwirkungen zwischen verschiedenen Lösungen. Sie gab an, dass sie im Verlauf der Schulverweigerung nach neuen Lösungen suchte, weil bereits bekannte Lösungen nicht zum gewünschten Ziel geführt hatten (I9, Abs. 35). Eine Person thematisierte die Wechselwirkung zwischen Lösungen und Entwicklung. Sie gab an, dass neue Lösungen neue Chancen und andere Möglichkeiten der Entwicklung ermöglichen (vgl. I3, Abs. 63).

„Am Anfang war für mich die Schulverweigerung die Lösung gegen das Schulsystem zu protestieren, dann aber half diese Lösung nicht mehr." (I18, Abs. 25)

„Ich habe mir anfangs ähnliche Lösungen wie die Schulverweigerung ausgedacht, war aber damit nicht erfolgreich und drehte mich nur im Kreis." (I9, Abs. 35)

„Dann öffnete ich mich für Neues und ich fand neue individuelle und kreative Lösungen für mich. Ich lernte dadurch mit Leidensdruck und schlechtem Gewissen besser umzugehen und hinterfragte die Wechselwirkungen, die ich wahrgenommen hatte, um daraus zu lernen und mich weiterzuentwickeln." (I9, Abs. 35)

K4.8 Phase 8: Experimentierphase und Neu-Orientierung

Die Schulverweigerer*innen gaben in den Interviews an, dass sie sich phasenweise intensiv um Neuorientierung bemühten und dabei nach neuen Lösungen und Bewältigungsstrategien suchten. Die individuellen und vielfältigen Lösungen und Bewältigungsstrategien werden in der Kategorie 5 (siehe dazu Kapitel 15.3) genauer erläutert und thematisiert.

K4.9 Phase 9: Weiter-Entwicklung

Viele Jugendliche gaben in den Interviews an, dass die Schulverweigerung für sie eine Chance zur Weiterentwicklung war. Viele entwickelten sich durch die individuellen Lösungen weiter, andere sprachen von intensivem vernetztem Lernen in dieser Zeit (vgl. I12, Abs. 33). Einige gaben an, dass die innere, persönliche Entwicklung auch vernetzte Entwicklungen im Umfeld auslöste (vgl. I1, Abs. 38; I6, Abs. 40).

„Ich habe verstanden, dass es wichtig ist, sich vielfältiges Wissen anzueignen. So kann ich neue Inhalte ganz anders miteinander verknüpfen und das ist in der heutigen Welt wichtig." (vgl. I12, Abs. 33)

„Ich habe auch erfahren, dass es von Vorteil ist, die eigenen Ressourcen mit den Ressourcen anderer Personen zu vernetzen. Das nimmt Druck, weitet den Horizont, verändert den Blickwinkel und ist eine Entwicklungschance für alle." (I1, Abs. 38)

Interpretation

Die Ergebnisse der Interviews bestätigten, dass Schulverweigerung ein sich verstärkender und sich ständig wandelnder Prozess der Entkoppelung ist (vgl. dazu Kap. 6.1). Zu Beginn des zirkulären Prozesses stehen die Phasen Ursachen, Türöffner und Entscheidungen, gefolgt von der Phase des Wohlbefindens. Wie im Kapitel 4.5 thematisiert, fallen Schulversäumnisse oft zu Beginn nicht auf, auch deshalb, weil Schulverweigerer*innen bewusst Strategien entwickeln, um lange unentdeckt zu bleiben. Eine verlässliche und umfassende Anwesenheitskontrolle und das Fokussieren auf Verzerrungen ist wichtig, um auf beginnende Schulverweigerung zeitnah reagieren zu können.

Die Phase des Wohlbefindens wird von der Phase der Verstärkung und Transformation abgelöst. Die Jugendlichen verstärkten ihre Schulverweigerung oder transformierten die Struktur, um das Wohlbefinden beizubehalten. Anschließend folgt die Phase der Krise. Viele Jugendliche brachten Schulverweigerung mit Angst in Verbindung. Aus den Antworten der Befragten wurde ersichtlich, dass sich Angst in den chaotischen krisenhaften Zeiten sowie Momenten der Verunsicherung und des inneren Konfliktes entwickelte. Die Ergebnisse bestätigten zugleich die beschriebene Studie von Dunkane und Ricking (2017), wonach Schulverweigerung häufig mit internen Angstsymptomen und sozialen sowie leistungsbezogenen Problemlagen in der Schule zusammenhängt (vgl. dazu Kap. 3.1). Im Kapitel 4.6 des Buches wurde zudem darauf hingewiesen, dass Schulverweigerer*innen ihre Abwesenheiten aus Angst verlängern. Sie müssen viel Energie aufwenden, um ihre Ängste und Befürchtungen zu überwinden. Folglich ist an Schulen auf eine freundliche und angstfreie Rückkehrgestaltung zu achten, auf regelmäßigen Elternkontakt, angstnehmende bzw. stabilisierende Maßnahmen, Beratungen und Fördermaßnahmen zum Aufholen der versäumten Lerninhalte.

Die Phase der Krise wird von der Phase der Wechsel-Wirkungen (Phase 7) abgelöst. Viele Jugendliche gaben an, dass sich im Verlauf der Schulverweigerung der Fokus ihrer Aufmerksamkeit und Wahrnehmung veränderte. Die meisten sprachen von wahrnehmbaren Wechselwirkungen zwischen Problem, Lösungssuche, Lösung und Entwicklung. An die Phase 7 schließt die Phase des Experimentierens mit Lösungsstrategien, Bewältigungsstrategien und individuellen Lösungen an. Dadurch wird eine Neu-Orientierung möglich.

Laut den Aussagen der Schulverweigerer*innen kam es in der Zeit der Schulverweigerung zur Weiter-Entwicklung (Phase 9 Weiter-Entwicklung). Viele Jugendliche sprachen von vernetztem Lernen, individuellen Entwicklungswegen, Ressourcennutzung, Sinnfindung und Potentialentfaltung (siehe dazu auch Kategorie 7, Kap. 15.3).

16.5 K5 – Lösungswege, Bewältigungsstrategien und neue individuelle Lösungen in der Zeit der Schulverweigerung

K.5.1 Fokus auf Wirkungsvolles und gut Funktionierendes

In den Interviews wurde von mehreren Jugendlichen die Fokussierung auf Wirkungsvolles und gut Funktionierendes thematisiert. Einige Jugendliche begannen während der Schulverweigerung damit, gut Funktionierendes im eigenen Leben wertzuschätzen und sich gezielt darauf zu fokussieren (vgl. I1, Abs. 45; I3; Abs. 36; I5, Abs. 13; I11, Abs. 36; I14, Abs. 29; I20, Abs. 27). Die Fokussierung passierte entweder intuitiv (vgl. I1, Abs. 45; I5, Abs.13) bzw. bewusst (vgl. I3, Abs. 36) oder wurde durch Gespräche (vgl. I20, Abs. 27) bzw. Beratung (vgl. I14, Abs. 29) angeleitet. Eine Person horchte auf das Bauchgefühl (I5, Abs. 13). Eine Jugendliche führte Gespräche mit ihrer Mutter (I20, Abs. 27).

Einige Schulverweigerer*innen äußerten sich dazu wie folgt:

„Meine Mutter hat auch als Jugendliche die Schule verweigert und sie hat gut verstanden, wie schwierig es für mich war und wie großartig meine Leistung in dieser Zeit war. Sie sagte mir immer, wenn ich im Loch war, dass ich viele Dinge sehr gut kann und ich mich auf diese Dinge konzentrieren soll, damit es mir wieder besser geht." (I20, Abs. 27)

„Irgendwann begann ich mich zu verändern. Ganz allein. Ich horchte auf mein Bauchgefühl. Ich begann zu überlegen, was ich alles gut konnte und was mir guttat. Diese Dinge machte ich dann immer öfter und intensiver." (I5, Abs.13)

„Ich konzentrierte mich auf Handlungen, die ich gut beherrschte und die mir guttaten, die mir entsprachen. Tagelang meditierte ich im Zimmer wie ein buddhistischer Mönch. Dann plötzlich die Erkenntnis wie aus heiterem Himmel. Ich erkannte, dass genau dieses Meditieren meine Lösung und Heilung war. Ich nahm das Meditieren in meinen schulischen Alltag mit und meditierte unauffällig während der Unterrichtsstunden, am Morgen nach dem Aufwachen und am Abend vor dem Schlafengehen. Ich erkannte und erlebte, dass mir das Meditieren half, mehr bei mir zu sein und mit dem Druck der Schule besser zurechtzukommen." (I3, Abs. 36)

K 5.2 Zukunftsbilder und Visionen

Bei der Durchführung der Interviews stellte sich heraus, dass viele Jugendliche während der Zeit der Schulverweigerung Zukunftsbilder entwickelten. Sie träumten von einer schönen und besseren Zukunft (vgl. I8, Abs. 35; I11, Abs. 34; I14, Abs. 35), entwarfen unterschiedliche Lebenspläne (vgl. I5; Abs. 33), dachten über die Zukunft nach (vgl. I13, Abs. 25) oder entwickelten Zukunftsvisionen, die Hoffnung schenkten (vgl. I20, Abs. 32).

Eine Person erzählte davon, dass ihr die Zukunftsbilder Kraft gaben, weil sie in ihren Träumen das tun konnte, was sie wollte:

„Ich träumte vor mich hin und stellte mir die Zukunft vor. Dieses Zukunftsbild war schön. Es tat mir gut und es gab mir Kraft. In meinem Traum konnte ich das tun, was ich wollte und gut konnte." (I2, Abs. 33)

K 5.3 Beratung, Coaching und Gespräche

Viele Schulverweigerer*innen gaben in den Interviews an, dass sie im Verlauf der Schulverweigerung vermehrt das Bedürfnis verspürten, Gespräche zu führen oder Beratungen in Anspruch zu nehmen. Viele Interviewpartner*innen sagten, dass sie in der Zeit der Schulverweigerung häufiger Gespräche führten bzw. suchten (vgl. I1, Abs. 47; I2, Abs. 31, I3, Abs. 32; I9, Abs. 33; I11, Abs. 34 bzw. 40; I13, Abs. 27; I15, Abs. 29; I17, Abs. 29; I19, Abs. 15 bzw. 37) und/oder zur Beratung gingen (vgl. I6, Abs. 25; I11, Abs. 40; I14; Abs. 29). Die Gesprächspartner*innen waren entweder Freunde oder Kollegen (vgl. I2, Abs. 31; I3, Abs. 32; I9, Abs. 33; I13, Abs. 27; I15, Abs. 29; I19, Abs. 15 bzw. 37), Geschwister (vgl. I11, Abs. 34; I19, Abs. 15), die eigene Mutter. (vgl. I20, Abs. 53) oder Berater*innen. Eine Befragte merkte an, dass die Beratung ihre Rettung und zugleich eine neue Chance zum Wiedereinstieg gewesen war (vgl. I11, Abs.40).

Mehrere Befragte merkten an, dass sie sich bewusst Gesprächspartner*innen suchten, die selbst einmal in ihrem Leben Schulverweigerer*innen gewesen waren (vgl. I2, Abs. 31; I11, Abs. 34; I19, Abs. 15; I20, Abs. 53). Sie machten dabei die Erfahrung, dass diese Berater*innen einen anderen Zugang zu den Schulverweigerer*innen hatten und sie auch besser verstanden (vgl. I20, Abs. 27). Sie konnten wirksame Hilfestellungen geben (vgl. I2, Abs.31) oder sich sehr gut einfühlen (vgl. I11, Abs. 32).

Hierzu ein Auszug aus dem Transkript:

„Meine große Schwester hat mit mir oft Gespräche geführt und mich unterstützt. Meine Schwester hat auch einmal die Schule verweigert und konnte mich deshalb gut verstehen und sich gut einfühlen." (I11, Abs. 32)

K5.4 Eigener Lebensrhythmus

Mehrere Jugendliche gaben in den Interviews an, dass sie im Verlauf der Schulverweigerung ihren Lebensrhythmus veränderten und mehr auf die eigenen Bedürfnisse horchten (vgl. I5, Abs. 40; I10, Abs. 26; I12, Abs. 29; I 17, Abs. 35; I18, Abs. 26; I 19, Abs. 31). Eine Person forderte ihren Lebensrhythmus bewusst ein und gönnte sich vermehrt Phasen der Ruhe und Entspannung im Alltag (vgl. I10, Abs. 26). Ein Jugendlicher achtete bewusster auf seinen Schlafrhythmus und schlief durchschnittlich 7 Stunden lang (vgl. I5, Abs. 40). Einige Personen merkten an, dass sie in der Zeit der Schulverweigerung vor allem in der Früh länger schliefen (vgl. I5, Abs. 15; I12, Abs. 29; I17, Abs. 35; I19, Abs. 31).

Einige Schulverweigerer*innen äußerten sich zum eigenen Lebensrhythmus wie folgt:

„Nachts war ich auch oft aktiv. Ich hatte mir in der Zeit der Schulverweigerung angewöhnt, nachts wach zu bleiben und dort zu malen oder kreativ zu sein. Diesen Schlafrhythmus habe ich heute noch. Ich liebe es nachts wach zu sein. Es ist ruhig und ich kann mich viel besser sammeln und spüre mich selbst mehr. Es gelingt mir nachts viel besser mein Potential zu leben und niemand lenkt mich ab oder mischt sich in mein Leben ein. Tagsüber lege ich öfters einmal eine Schlafpause ein oder ich schlafe den ganzen Vormittag, wenn ich keine Schule habe." (I18; Abs. 26)

„Ich schlief bei Tag und arbeitete bei Nacht, so ging es mir gut. Ich war in der Nacht auch leistungsfähiger, mehr bei mir und hatte bessere Ideen. Nachts konnte ich auch kreativ sein und wurde einfach in Ruhe gelassen." (I20, Abs. 32)

„Wenn ich keine Lust hatte, bin ich einfach den ganzen Tag im Bett geblieben und habe geschlafen." (I5, Abs. 15)

K5.5–K5.6 Distanz und Rückzug

Einige Jugendliche thematisierten in den Interviews Distanz als individuelle Lösungsmöglichkeit (vgl. I9, Abs. 29; I19, Abs. 37 bzw.52).

Eine befragte Person erzählte im Interview davon, dass sie durch Distanz neue Lösungen und Ideen finden konnte (vgl. I9, Abs. 29). Eine Befragte gab an, dass es ihr durch die innere Distanz leichter fiel, Entscheidungen zu treffen (vgl. I19, Abs. 37 bzw. 52).

Mehrere Jugendliche gaben im Interview an, dass sie in der Zeit der Schulverweigerung das Handy nicht benutzten, weil sie nicht erreichbar sein wollten. Eine Befragte merkte an, dass sie auf das Handy verzichtete, weil sie begriffen hatte, dass sie mit dem Smartphon ihre Autonomie verlor und ständig kontrolliert wurde (vgl. I19, Abs. 39). Eine Person erwähnte, dass sie ihr Leben so strukturieren wollte, wie es ihr gefiel, und dass niemand sich in ihr Leben einmischen sollte, das Handy hinderte sie daran (vgl. I2, Abs. 33).

Auszüge aus den Transkripten:

„Durch Distanz kamen mir Lösungen und fand ich neue Ideen. Diese Lösungen beeinflussten meine Lebensziele und mein Handeln. Ich entwickelte mich anders als geplant und von anderen gewollt.“ (I9, Abs. 29)

„In dieser Zeit habe ich auch gelernt innere Stärke durch Schmerz zu entwickeln und innere Distanz zu unwesentlichen Dingen aufzubauen.“ (I19, Abs. 37)

„Ich habe durch die Schulverweigerung auch verstanden, dass es oft Distanz braucht und die Beschäftigung mit anderen Dingen und Situationen, um die richtige Entscheidung für sein Leben treffen zu können.“ (I19, Abs. 52)

„Dann gab es aber auch Momente, wo es mir nicht so gut ging. Dann zog ich mich zurück. Ich wollte meine Ruhe haben, deshalb schaltete ich das Handy aus oder war für mehrere Tage nicht erreichbar.“ (I16, Abs. 32)

K5.7 Ablenkung

Mehrere Personen gaben im Interview an, dass sie sich in der Zeit der Schulverweigerung bewusst ablenkten und mit anderen Dingen beschäftigten. So konnten sie sich *„perfekt abreagieren und neue Kraft tanken“* (I20, Abs. 34). Einige erzählten im Interview davon, dass sie in dieser Zeit ein großes Bedürfnis verspürten (vgl. I20, Abs. 34) zu feiern, zu tanzen, Alkohol zu konsumieren und/oder zu rauchen. Hierzu einige Antworten der Jugendlichen aus den Transkripten:

„Am Abend ging ich in dieser Zeit häufig aus. Ich rauchte viel und tanzte oft die ganze Nacht hindurch, um auf andere Gedanken zu kommen und mich abzureagieren.“ (I1, Abs. 16)

„Gerne ging ich auch aus. Ich hatte in dieser Zeit das große Bedürfnis, mich mit Freunden zu treffen. Wir feierten oft die ganze Nacht hindurch, tranken Alkohol und tanzten. So konnte ich mich perfekt abreagieren und neue Kraft tanken.“ (I20, Abs. 34)

„Ich trank in dieser Zeit auch öfter Alkohol, weil ich einfach nur den Druck vergessen wollte. Gegen die Kopfschmerzen am nächsten Tag nahm ich dann Tabletten.“ (I4, Abs. 29)

K5.8 Kreatives Schaffen

Mehrere Jugendliche thematisierten in den Interviews das kreative Schaffen. Eine Befragte merkte an, dass sie jeden Tag selbstbestimmt plante und dabei vermehrt ihr kreatives Potential auslebte (vgl. I1, Abs. 36). Eine Person gab an, dass sie ihr Umfeld kreativ veränderte, indem sie Wände neu strich, etwas Kreatives für die Wohnung bastelte oder den Garten kreativ umgestaltete. (vgl. I3, Abs. 30). Einige Schulverweigerer*innen erzählten davon, dass sie in dieser Zeit häufiger malten oder kreativ schrieben. Sie drückten ihr kreatives Schaffen folgendermaßen aus:

„Ich blieb oft den ganzen Tag allein zu Hause und begann zu malen, zu lesen oder Tagebuch zu schreiben.“ (I4, Abs. 25)

„Oft erledigte ich Dinge bewusst ganz langsam oder ich ging bereits um 17.00 schlafen oder legte mich ins Bett, um zu lesen. Manchmal schrieb ich auch Tagebuch, so wie die Anne Frank.“ (I2, Abs. 33)

„Manchmal schrieb ich einfach drauflos, ohne zu wissen, warum ich schrieb oder was ich schrieb. Es war einzig die Freude am Schreiben, die mich hielt. Nachts war ich auch oft aktiv. Ich hatte mir in der Zeit der Schulverweigerung angewöhnt, nachts wach zu bleiben und dort zu malen oder kreativ zu sein.“ (I18, Abs. 26)

K5.9 Provokation und Ausloten der eigenen Grenzen

Einige Jugendliche gaben im Interview an, dass sie während der Schulverweigerung bewusst provozierten und die eigenen Grenzen ausloteten. Eine Befragte erzählte, dass sie öfters die Grenzen in unterschiedlichen Lebensbereichen auslotete und sich selbst Mutproben auferlegte (vgl. I4, Abs. 25).

Eine Interviewpartnerin äußerte sich zu ihrem provokanten Verhalten wie folgt:

„Es gefiel mir, alle zu provozieren und zu sehen, wie die Leute darauf reagierten. Spannend wie unterschiedlich Menschen sind. Vor allem zu Haus provozierte ich, wo ich nur konnte. Ich warf die ganzen Essensregeln über einen Haufen und rauchte in der Wohnung. Meine Mutter war vor dem Nervenzusammenbruch." (I 17, Abs. 29)

K5.10 Verreisen

Bei der Durchführung der Befragung stellte sich heraus, dass einige Jugendliche in der Zeit der Schulverweigerung öfters verreisten. Als Grund gaben sie an, dass für sie die Schule zu belastend und negativ war (vgl. I15, Abs. 15). Sie fuhren im Geheimen zu einer Freundin (vgl. I8, Abs. 35), in eine Stadt, ans Meer oder auf die Alm (vgl. I17, Abs. 28) Einige verreisten ohne konkretes Ziel (vgl. I13, Abs. 29) oder suchten den Kontakt zu anderen Kulturen (vgl. I13, Abs. 29).

„Manchmal verschwand ich für ein paar Tage und ging auf die Alm oder fuhr ans Meer. Es war interessant, einmal etwas anderes vom Leben zu sehen, nicht immer nur die Schule." (I 17, Abs. 28)

Interpretation

Alle Jugendlichen experimentierten in der Zeit der Schulverweigerung mit Lösungswegen, Bewältigungsstrategien oder neuen individuellen Lösungen. Mehrere richteten dabei ihren Focus bewusst auf gut Funktionierendes und Wirkungsvolles.

Mehrere Schulverweigerer*innen entwickelten im Verlauf ihrer Schulverweigerung Zukunftsbilder und Visionen. Der Blick in die Zukunft ist eine individuelle Lösung und Chance, um die gewünschte Zukunft wahrscheinlicher zu machen (vgl. Simon 2018, S. 30 ff.).

Die Ergebnisse der Forschungsarbeit zeigten auf, dass viele Schulverweigerer*innen in der Zeit der Verweigerung viele Gespräche und Beratung brauchten (vgl. dazu Kap. 4.2). Bevorzugt wurden vor allem Gespräche mit vertrauten Personen, Freunden, Kollegen und Geschwistern. Ehemalige Schulverweigerer*innen wurden von den befragten Jugendlichen öfter als Expert*innen für Schulverweigerung bezeichnet.

Einige Jugendliche thematisierten in den Interviews den eigenen Lebensrhythmus und gaben an, dass ihr Rhythmus oft nicht mit dem Rhythmus im Außen übereinstimmte. Dieser Unterschied war für sie belastend. Vor allem das frühe Aufstehen müssen, um zur Schule zu gehen, bezeichneten viele als Qual.

Einige Jugendliche erzählten im Interview davon, dass sie im Verlauf der Schulverweigerung bewusst auf Distanz gingen oder sich zurückzogen, um sich selbst zu schützen, um Belastendes auszublenden, Wesentliches zu erkennen, neue Entscheidungen zu treffen, oder um Lösungen zu finden

Mehrere Befragte thematisierten in den Interviews das kreative Schaffen als Lösungsweg, Bewältigungsstrategie oder individuelle Lösung. Wie im Kapitel 3.3 ausgeführt, fördern und begünstigen kreative Prozesse das Durchbrechen von Kreisdynamiken und öffnen neue Räume für Lösungen und Entwicklung.

Von Seiten der Jugendlichen wurde auch die Provokation und das Ausloten von den eigenen Grenzen thematisiert. Viele Schulverweigerer*innen provozierten bewusst und verstärkt in der Zeit der Schulverweigerung. Mehrere empfanden die Provokation als Mutprobe. Einige wollten die eigenen Grenzen wahrzunehmen, Neues auszuprobieren oder neue Wege finden.

Einige Schulverweigerer*innen gaben in den Interviews an, dass sie in der Zeit der Schulverweigerung dazu tendierten, jene Orte zu verlassen, die sie als belastend empfanden, weil sie sich schützen wollten oder Angst hatten, ihren Selbstwert zu verlieren.

16.6 K6 – Lösungswege, Bewältigungsstrategien und individuelle Lösungen aktivieren Weiter-Entwicklung

Viele Jugendliche gaben im Verlauf der Interviews an, dass sie neue Lösungswege, Bewältigungsstrategien und individuelle Lösungen als Möglichkeit und Impuls für Weiterentwicklung wahrnahmen (vgl. I20, Abs. 53). Sie veränderten dadurch ihre Art und Weise zu fühlen und zu denken (vgl. I19, Abs. 16). Eine Befragte merkte an, dass sie durch individuelle Lösungen im Schulverweigerungsprozess ihre Kompetenzen erweitern konnte und sich dadurch neue Chancen für ihr Leben ergaben (vgl. I20, Abs. 53) Eine Person sagte, dass sie durch die neuen Lösungen lernte, das Potential und die persönlichen Ressourcen zu nutzen (vgl. I20, Abs. 53). Eine Interviewpartnerin merkte an, dass sie durch individuelle Lösungen Struktur im eigenen Leben fand und es ihr dadurch gelang, neue Perspektiven zu erkennen und die eigenen Bedürfnisse auszuleben. Die Befragte gab weiter an, dass sie durch die Schulverweigerung ein anderer Mensch geworden war, und dass sie aufgrund ihrer Weiterentwicklung zukünftig neue Lösungen und Entwicklungen auf einer anderen Ebene für möglich hält (vgl. I3, Abs. 39 bzw. 40). Eine Jugendliche äußerte sich im Interview zur Intensität der Wechselwirkungen. Sie empfand die Intensität der Wechselwirkungen zwischen Lösung und Entwicklung als unkontrollierbar, unterschiedlich und schwankend (I9, Abs. 35).

„Ich habe mich durch die neuen Lösungen persönlich weiterentwickelt, lebe mein Leben nach meinen Vorstellungen, suche weiter nach Lösungen, die mir entsprechen und strukturiere mir mein Leben so, wie ich es möchte. Ich lebe meine Bedürfnisse aus und verwirkliche mich. Außerdem bin ich stärker geworden und habe neue Perspektiven erkannt, mein Leben auszurichten. Neue Wege zu gehen und alte Muster aufzubrechen ist immer gut und mutig. Nur so kann man zu sich selber finden.“ (I3, Abs. 39)

„Ich habe in dieser Zeit viel dazugelernt und bin ein neuer Mensch geworden. Ich habe Lösungen für mein Leben gefunden, doch gerade diese persönliche Weiterentwicklung ermöglicht mir neue Lösungen und Entwicklungen auf einer anderen Ebene.“ (I3, Abs. 40)

„Die Wechselwirkungen zwischen meinen Lösungen und wie ich mich dadurch verändere, habe ich oft bewusst wahrgenommen. Die Intensität der Wechselwirkungen war aber nicht immer gleich. Manchmal machten mir die Wechselwirkungen auch Angst, weil ich sie nicht kontrollieren konnte.“ (I9, Abs. 35)

Interpretation

Die Antworten der Interviewpartner*innen wiesen darauf hin, dass viele Schulverweigerer*innen eine Wechselwirkung zwischen Lösungen und Entwicklungen feststellten. Durch individuelle Lösungswege, Bewältigungsstrategien und Lösungen nahmen sie neue Entwicklungsschritte wahr und durch Weiterentwicklungen kamen sie zu neuen Lösungen. Die Wahrnehmung von Wechselwirkungen ist ein Element systemisch-lösungsorientierten Denkens (vgl. dazu Kap. 8.1).

Aus den Ergebnissen der Interviews kann somit abgeleitet werden, dass alle Schulverweigerer*innen im Verlauf der Schulverweigerung unterschiedliche und individuelle Lösungsfindungsstrategien wählten, um durch die Vielfalt der Lösungszugänge und durch individuelle Lösungen passende Entwicklungswege zu finden. Die Wechselwirkungen wurden im Interview als das nicht messbare und nicht kontrollierbare Element bezeichnet. Eine Person nahm zudem eine schwankende Intensität der Wechselwirkungen wahr.

16.7 K7 – Kompetenzentwicklung, Ressourcennutzung, Potentialentfaltung und Sinnfindung in der Zeit der Schulverweigerung

K7.1–K7.4 Entfaltung der eigenen Kompetenzen

Alle Jugendlichen thematisierten in den Interviews die Entfaltung der eigenen Kompetenzen in der Zeit der Schulverweigerung. Viele nahmen diesen Prozess bewusst wahr. Die Entwicklungsfelder und Entwicklungswege der Jugendlichen unterschiedlich. Eine Person merkte an, dass sie in der Zeit der Schulverweigerung bewusst darauf achtete, die eigenen Kompetenzen miteinander zu vernetzten, um dadurch Ressourcen zu schonen bzw. zu nutzen (vgl. I14, Abs. 35). Eine Person sprach davon, dass sie in der Zeit der Schulverweigerung gelernt hatte, Inhalte auf eine andere Art und Weise miteinander zu verknüpfen (I12, Abs. 33). Eine Interviewpartnerin gab an, dass sie sich in der Zeit der Schulverweigerung *„in mehreren Bereichen und unterschiedlich rasch weiterentwickelt“* hatte (I19, Abs. 44), wobei die Entwicklung manchmal sehr *„schnell“* (I19, Abs. 44) verlief. Sie führte im Interview zudem an, dass Kompetenzentfaltung wahrnehmbar war und entweder *„plötzlich und überraschend“* (I19, Abs. 44) oder *„geplant oder vorhersehbar“* (I19, Abs. 44) passierte. Eine Befragte gab an, dass sie neue Kompetenzen auf das Lernen in der Schule übertragen konnte (vgl. I11, Abs. 26). Eine Interviewpartnerin merkte an, dass sie in der Zeit der Schulverweigerung gelernt hatte, erworbene Kompetenzen in unterschiedlichen Lebensbereichen anzuwenden (vgl. I11, Abs. 26).

Hierzu zwei Auszüge aus den Transkripten:

„Ich habe mich in mehreren Bereichen und unterschiedlich rasch weiterentwickelt. Neue Entwicklungen führten wieder zu neuen Möglichkeiten und Lösungen. Manchmal entwickelte ich mich schnell, manchmal war die Entwicklung geplant oder vorhersehbar und manchmal passierte es plötzlich und überraschend. Oft kam ich erst einige Zeit später drauf, dass ich mich verändert oder weiterentwickelt hatte, weil ich anders handelte oder Dinge anders sah. Ich bin immer noch über mein Entwicklungs- und Veränderungspotential überrascht." (I19, Abs. 44)

„Ich habe meine Kompetenzen in vielfältiger Weise und vernetzend erweitert, kenne mich als Mensch besser, habe meinen momentanen Sinn konstruiert und habe mein Potential entfaltet. Ich habe gelernt, mit meinen Ressourcen besser umzugehen und bin widerstandfähiger und innerlich ausgeglichener und stärker geworden." (I14, Abs. 35)

Entfaltung der Lebens-, Selbst- und Sozialkompetenzen in der Zeit der Schulverweigerung

Die Ergebnisse der Interviews zeigten auf, dass die Jugendlichen in der Zeit der Schulverweigerung einige ihrer Lebenskompetenzen stärkten und weiterentwickelten. Laut WHO sind Lebenskompetenzen jene Fähigkeiten, die es Menschen ermöglichen, das eigene Leben zu steuern und selbständig auszurichten, mit Anforderungen, Herausforderungen und Veränderungen der Umwelt zu leben und selbst Veränderungen zu bewirken (vgl. WHO, 1994b, 1999). Die Abgrenzung zwischen den einzelnen Kompetenzbereichen ist nicht klar definiert. Viele Bereiche überschneiden sich. Die Auswertung der Forschungsergebnisse in diesem Bereich erfolgte in Anlehnung an die zehn Kernkompetenzen der WHO, nämlich:

1. Selbstwahrnehmung
2. Empathie

3. Stressbewältigung
4. Gefühlsbewältigung
5. Kommunikationsfertigkeit
6. Beziehungsfähigkeit
7. Kritisches Denken
8. Kreatives Denken
9. Fertigkeit, Entscheidungen zu treffen
10. Problemlösefertigkeiten (vgl. WHO, 1994b, 1999).

Nachfolgend werden die Forschungsergebnisse aus dem Bereich der Sach- und Methodenkompetenz vorgestellt.

Lebenskompetenz 1: Selbstwahrnehmung

- **Schärfung der Selbstwahrnehmung und der eigenen Stärken und Schwächen**

Viele Jugendliche gaben an, dass sie sich während der Schulverweigerung bewusster wahrgenommen hatten (vgl. I1, Abs. 42, I14, Abs. 31). Eine Interviewpartnerin sprach davon, dass sie sich in der Zeit der Schulverweigerung „[...] *selbst gefunden und gesucht*" (I 19, Abs. 26) hatte. Mehrere Personen spürten und reflektierten ihren Selbstwert (vgl. I8, Abs. 35; I11, Abs. 36). Eine Person erzählte von Selbstzweifel (vgl. I8, Abs. 35). Mehrere Schulverweigerer*innen sprachen von der bewussten Wahrnehmung und Entfaltung der Selbstliebe (vgl. I6, Abs. 40; I13 Abs. 33), der Selbstsicherheit (vgl. I7, Abs. 29) und der Stärkung des Selbstbewusstseins (vgl. I16, Abs. 42). Mehrere thematisierten auch ihre persönlichen Stärken und Schwächen und merkten an, dass sie in der Zeit der Schulverweigerung ihre Stärken entfalten konnten (vgl. I11, Abs. 36).

Auszüge aus den Transkripten:

„*Ich habe mich in dieser Zeit selbst besser kennengelernt und meine Grenzen, meine Stärken und Schwächen gespürt.*" (I14, Abs. 31)

„*Mir fällt auf, dass sich meine Selbstliebe entfaltet hat.*" (I13, Abs. 33)

„Ich weiß jetzt besser, wo meine Grenzen liegen, welche Ressourcen in mir stecken und was mich als Persönlichkeit ausmacht. Die Schulverweigerung war für mich das Sprungbrett zur Selbsterkenntnis, Persönlichkeitsentwicklung und Identitätsfindung. Ich weiß auch, dass ich mich als Person ständig weiterentwickeln möchte, und dass Identität ein fortlaufender Veränderungs- und Entwicklungsprozess ist." (I12, Abs. 49)

„Das Leben war mein Lehrmeister und ich habe mir Lebenswissen angeeignet." (I12, Abs. 33)

„Ich kann jetzt mein Leben besser steuern und regulieren, habe mir Kompetenzen fürs Überleben angeeignet und andere Kompetenzen, die ich nicht mehr brauche, vergessen." (I8, Abs. 37)

- **Verstärkte Wahrnehmung der eigenen Bedürfnisse**

Bei der Durchführung der Interviews sprachen mehrere Personen über die eigenen Bedürfnisse. Sie merkten an, dass sie sich in der Zeit der Schulverweigerung bewusst auf die eigenen Bedürfnisse konzentrierten (vgl. I13, Abs. 27), sie auslebten (vgl. I3, Abs. 39) und mehr auf die eigenen Bedürfnisse achteten (vgl. I5, Abs. 33; I6, Abs. 40). Eine befragte Person merkte an, dass sie durch die Schulverweigerung gelernt hatte, die eigenen Bedürfnisse zu regulieren (vgl. I1, Abs. 34). Mehrere Interviewpartner*innen gaben an, dass sie in der Zeit der Schulverweigerung den Tagesablauf nach den individuellen Bedürfnissen ausrichteten (vgl. I5, Abs. 33; I I4, Abs. 25) und auch bei der zukünftigen Lebensplanung auf die eigenen Bedürfnisse achten werden (vgl. I1, Abs.34; I6, Abs.40; I16, Abs. 33).

Eine Jugendliche äußerte sich zur Wahrnehmung ihrer Bedürfnisse wie folgt:

„Ich habe gelernt, mein Leben selbst zu regulieren und dabei auf meine Bedürfnisse zu achten." (I5, Abs. 32)

- **Entfaltung der Selbstwirksamkeit durch Selbststeuerung und Selbstregulation**

Einige Jugendliche gaben im Interview an, dass sie im Verlauf der Schulverweigerung gefordert waren, das eigene Leben zu regulieren und zu steuern. Eine befragte Person sagte, dass sie in der Phase der Schulverweigerung entschieden hatte, das eigene Leben zukünftig in kleinen Schritten zu planen (vgl. I16, Abs. 44). Ein Jugendlicher drückte seine Gedanken zur Selbststeuerung wie folgt aus:

„Ich habe gelernt, mein Leben selbst zu regulieren und dabei auf meine Bedürfnisse zu achten. Die Selbststeuerung ermöglicht die Realisierung von individuellen Lebenszielen." (I5, Abs. 33)

- **Entwicklung von größerer Selbständigkeit**

Von Seiten der Jugendlichen wurde die Selbständigkeit thematisiert. Viele Befragte gaben an, dass sich ihre Selbständigkeit in der Zeit der Schulverweigerung verändert hatte. Mehrere merkten an, dass sie selbständiger geworden waren (vgl. I8, Abs. 37; I9, Abs. 31; I11, Abs. 36; I12, Abs. 21; I17, Abs. 26; I18, Abs.28). Mehrere Jugendliche vernetzten Selbständigkeit mit anderen Fähigkeiten und Fertigkeiten wie Selbstsicherheit (vgl. I11, Abs. 36), Widerstandsfähigkeit (vgl. I12, Abs. 21), Selbstregulation (vgl. I16, Abs. 26; I17, Abs. 26) oder Kreativität (vgl. I19, Abs. 28).

Eine Person gab an, dass sich ihre Selbständigkeit auch in anderen Bereichen zeigte. Sie äußerte sich diesbezüglich wie folgt:

„Ich habe meine Selbständigkeit weiterentwickelt und auch in anderen Bereichen des Lebens ausgelebt." (I9, Abs. 33)

- **Bewusste Auseinandersetzung mit der Eigenverantwortung**

Aus den durchgeführten Interviews wurde ersichtlich, dass mehrere Jugendliche lernten, Verantwortung für das eigene Leben und die eigenen *„[...] Fehler zu übernehmen"* (I1, Abs. 36). Einige Personen brachten die Eigenverantwortung mit einer sinnvollen Lebensstruktur (vgl. I6, Abs. 36), mit dem sich etwas Zutrauen (vgl. I6, Abs. 34: I19, Abs. 48) und mit Reifungsprozessen (vgl. I9, Abs. 37) in Verbindung.

Lebenskompetenzen 2, 4 und 6:

Entfaltung von Empathie, Gefühlsbewältigung und interpersonaler Beziehungsfertigkeit

- **Knüpfen von neuen Freundschaften**

Einige Jugendliche gaben in den Interviews an, dass sie in der Zeit der Schulverweigerung gelernt hatten, sich besser in andere Menschen einzufühlen (vgl. I19, Abs. 48; I12, Abs. 27). Einige Personen erwähnten, dass sie neue Freundschaften geknüpft hatten (vgl. I9, Abs. 31). Ein Schulverweigerer merkte an, dass ihm in der Zeit der Schulverweigerung bewusst geworden war, dass er ohne fremde Hilfe Probleme lösen kann. Diese Gewissheit gab ihm Mut für die Zukunft (vgl. I2, Abs. 21).

- **Umgangsformen**

Mehrere Jugendliche thematisierten in den Interviews, dass sie in der Zeit der Schulverweigerung den Umgang mit anderen Menschen verändert hatten, und dass sie diese Veränderung als Entwicklung (vgl. I15, Abs. 31) und Verbesserung (vgl. I17, Abs. 31) wahrnahmen.

- **Wertschätzung**

Mehrere Schulverweigerer*innen äußerten sich in Interview zum Thema Wertschätzung. Sie merkten an, dass sie durch die Schulverweigerung die Wichtigkeit von Wertschätzung erkannt hatten (vgl. I16, Abs. 51).

Eine befragte Person äußerte ihren Wunsch nach mehr Wertschätzung in der Schule folgendermaßen:

*„Ich wünsche mir mehr Mitbestimmung, Mitarbeit und Wertschätzung den Schüler*innen gegenüber."* (I13, Abs. 49)

- **Verantwortung für andere**

Eine Person gab an, dass sie während der Schulverweigerung begann, Verantwortung für ihre Mutter zu übernehmen. Die Befragte äußerte sich wie folgt:

„Ich habe gelernt, mein Leben und das Leben meiner Mutter zu strukturieren und Verantwortung für andere zu übernehmen." (I12, Abs. 31)

- **Teamfähigkeit und Einfühlungsvermögen**

Eine Person gab an, dass sie durch die Schulverweigerung ihre sozialen Kompetenzen weiterentwickelt hatte und in dieser Zeit für andere da war, mit ihnen redete und ihnen half, Probleme zu lösen. Sie drückte dies folgendermaßen aus:

„Ich habe soziale Kompetenz entwickelt und ich war beliebt vom Menschlichen her. Ich habe meine ganze Energie da hineingelegt, ein feiner beliebter Mensch zu sein. Ich habe die Problemlöserin für alle gespielt. Ich war ein seelischer Mülleimer" (I8, Abs. 29).

Lebenskompetenz 5: Entfaltung der Kommunikationsfertigkeit

Viele Jugendliche sprachen in den Interviews über ihre Kommunikationsfähigkeit. Mehrere gaben an, dass sie durch die Schulverweigerung gelernt hatten, offener mit anderen zu kommunizieren (vgl. I9, Abs.35). Eine Befragte merkte an, dass sie durch das Verweigern der Schule gelernt hatte, über Probleme zu reden (vgl. I9, Abs. 33). Eine Jugendliche gab an, dass sie in dieser Zeit lernte, anderen zuzuhören (vgl. I13, Abs. 29). Mehrere Schulverweigerer*innen erwähnten, dass sie in der Zeit der Schulverweigerung oft und gerne positive und konstruktive Gespräche führten (I19, Abs. 37) oder sich in der gewaltfreien Kommunikation übten (vgl. I19, Abs. 37; I14, Abs. 35).

Hierzu ein Auszug aus dem Transkript:

„Ich habe meine Fähigkeit zu überzeugen ausgebaut und kann gut präsentieren und Gespräche führen. Auch im Umgang mit Menschen habe ich mich weiterentwickelt" (I15, Abs.31).

Lebenskompetenz 3: Entwicklung von Kompetenzen zur Stressbewältigung

Die Ergebnisse der Forschungsarbeit zeigen auf, dass einzelne Jugendliche in der Zeit der Schulverweigerung ein stressreduzierendes Verhalten (vgl. I9, Abs. 35) erlernt hatten, um sich persönlich besser gegen den Druck von außen und den Stress, der sie „[...] *innerlich...*" (I4, Abs. 33) zerstörte, zu schützen.

Lebenskompetenzen 7 und 8: Entfaltung des kritischen und des kreativen Denkens

- **Verbesserung der Reflexionsfähigkeit**

Mehrere Interviewpartner*innen merkten an, dass sie während der Schulverweigerung öfter wie vor der Schulverweigerung über Dinge nachdachten (vgl. I13, Abs. 33; I19, Abs. 37). Eine Person gab an, dass sie über das eigene Lösungs- und Veränderungspotential reflektierte (vgl. I10, Abs. 30). Ein Interviewpartner sagte, dass er durch die Schulverweigerung gelernt hatte *„[...] tiefgründiger zu überlegen und zu reflektieren“* (I16, Abs. 40). Eine Person merkte an, dass sie in den Momenten der Orientierungslosigkeit häufiger reflektierte und Zukunftsbilder entwarf (vgl. I14, Abs. 29). Eine Befragte wies im Interview darauf hin, dass ihr das Reflektieren in dieser Zeit gut gelungen war und sie das reflektierende Lernen lernte (vgl. I6, Abs. 36 bzw. 34). Eine Person wünschte sich das gemeinsame Reflektieren als Intervention bei Schulverweigerung und drückte dies mit folgenden Worten aus:

> *„Wertungsfrei zuzuhören, beraten und gemeinsam schauen, was es braucht, um die Verweigerung zu lösen. Gemeinsames Erarbeiten von Lösungen, gemeinsames Erfragen von Vorschlägen und gemeinsames Reflektieren, was jeder Einzelne dafür braucht, um aus seiner Verweigerung herauszukommen z. B. Lehrpersonen wechseln, das wünsche ich mir für die Zukunft.“* (I8, Abs. 42)

Lebenskompetenzen 9 und 10: Weiterentwicklung der Entscheidungsfähigkeit und der Problemlösefertigkeiten

- **Entfaltung der Lösungskompetenz als bewusste Entscheidung und als Problemlösungsstrategie**

Alle Schulverweigerer*innen gaben in den Interviews an, dass sie in der Zeit der Schulverweigerung vermehrt nach Lösungen suchten und neue Lösungswege, Lösungen sowie Bewältigungsstrategien ausprobierten. Einige flüchteten bewusst in die Zukunft, entwarfen Zukunftsbilder und hofften darauf, dass sich ihre Zukunftsgedanken und Vorstellungen erfüllten (I6, Abs. 32). Andere wiederum dachten an die Vergangenheit und auf die Art und Weise, wie sie in der Vergangenheit Probleme erfolgreich gelöst hatten, um aus *„Bestehendem* *wiederum Neues"* (I12, Abs. 50) zu entwickeln. Ein Schulverweigerer erwähnte, dass er beim Suchen nach Lösungen *„den Fokus auf kleine Ziele und Schritte"* (I16, Abs. 44) richtete. Eine befragte Person begab sich bewusst auf die *„Suche nach [...] Fähigkeiten und Ressourcen und [...] Bauchgefühl"* (I12, Abs. 50).

Hierzu Auszüge aus den Transkripten:

„Ich habe gelernt, wie ich meine Lösungen am besten finden kann und dass ich in der Lage bin, selbst Lösungen zu finden. Ich stell mir die Zukunft so vor, wie ich sie gerne hätte und arbeite darauf hin. Vorstellungen und Zukunftsgedanken gehen in Erfüllung, wenn man daran glaubt und sich dafür einsetzt. Jeder kann seine eigenen Lösungen finden, aber auf einem anderen Weg und mit einem anderen Ziel." (I6, Abs. 32)

„Jeder hat die Kraft in sich, aus Situationen, die er selbst erschaffen hat, wieder herauszukommen. Ich habe gelernt, dass es für alles eine Lösung gibt. Ich habe in meinem Leben schon oft Lösungen gefunden und freu mich darüber. Schon allein dieser Gedanke gibt mir Sicherheit und die Gewissheit, dass ich Lösungen finden kann. I mach mich auf die Suche nach meinen Fähigkeiten und Ressourcen und meinem Bauchgefühl. Dann denke ich an die Situation wie ich sie gerne hätte, denk mir unterschiedliche Facetten dieser Situation aus und bin neugierig darauf, was passiert. Durch die Öffnung für Neues lasse ich Neues in mein Leben und entwickle daraus mit Bestehendem wiederum Neues. So entstehen für mich Lösungen, die aus meinem Inneren kommen und deshalb für mich Sinn machen. Meine Lösungen sind oft auch plötzliche Eingebung, wenn ich mich über Meditation, Stille und Religion selbst finde." (I15. Abs. 50)

- **Entfaltung der Sach- und Methodenkompetenzen in der Zeit der Schulverweigerung**

Mehrere Jugendliche gaben in den Interviews an, dass sie sich durch die Schulverweigerung *„viel neues Wissen"* (I6, Abs. 32) angeeignet hatten und Sachverhalte anders erlernen und vertiefen konnten (vgl. I6, Abs. 42.) Eine Befragte sprach von kreativen Vernetzungen des Wissens (vgl. I6, Abs. 40). Einige Interviewpartner*innen nahmen im Laufe der Schulverweigerung wahr, dass sie Sachverhalte auf eine neue Art und Weise zu erschließen begannen. Sie veränderten ihre *„Merk- und Lerntechnik"* (I13, Abs. 33), eigneten sich Wissen eigenständig an (vgl. I3, Abs. 47; I6, Abs. 34), entwickelten einen eigenen

Lernrhythmus (vgl. I6, Abs. 42), lernten Lernprozesse zu planen (vgl. I6, Abs. 34) und entwickelten Strategien, um sich einen Überblick über die Inhalte zu verschaffen (vgl. I6, Abs. 40; I13, Abs. 33).

Mehrere Personen entdeckten in der Zeit der Schulverweigerung neue Interessen und Hobbys und eigneten sich in diesen Bereichen neues Wissen an (vgl. I15, Abs. 27; I18, Abs. 32; I19, Abs. 48).

Einige Interviewpartner*innen drückten die wahrgenommenen Entwicklungsprozesse im Bereich der Sachkompetenz wie folgt aus:

„Gewinn war, dass ich durch das Schule schwänzen bessere Noten erhielt, weil ich mir das Lernen besser einteilen konnte und ich gelernt habe, mir eigenständig Wissen anzueignen und Informationen zu verschaffen." (I3, Abs. 47)

„Ich habe mir viel neues Wissen angeeignet und meinem Leben einen anderen Sinn gegeben." (I6, Abs. 34)

„Ich habe verstanden, dass es wichtig ist, sich vielfältiges Wissen anzueignen. So kann ich neue Inhalte ganz anders miteinander verknüpfen […]. Oft waren die Lehrpersonen verwundert, dass ich trotz meiner Abwesenheiten so gute Noten bekommen habe, ohne im Unterricht anwesend gewesen zu sein, dass ich z. T. sogar bessere Noten hatte wie andere Leute. Das ist meiner Meinung nach darauf zurückzuführen, dass ich in der Phase der Schulverweigerung außerhalb der Schule gelernt habe." (I12, Abs. 33)

K7.5 Ressourcennutzung

Viele Jugendliche gaben in den Interviews an, dass sie durch die Schulverweigerung gelernt hatten, persönliche Ressourcen zu nutzen. Eine befragte Person merkte an, dass sie durch die Schulverweigerung erkannt hatte, welche Ressourcen in ihr steckten bzw. stecken (vgl. I12. Abs. 49). Ein Interviewpartner sprach davon, dass er gelernt hatte, mit den eigenen *„[…] Ressourcen besser umzugehen […]"* (I14, Abs. 35). Eine Person gab an, dass sie gelernt hatte, mit eigenen Energien achtsam und effizient umzugehen (vgl. I19, Abs. 48). Eine Befragte sprach von der Vernetzung der Ressourcen. Sie drückte dies wie folgt aus:

„Ich habe in der Zeit der Schulverweigerung gelernt, dass ich über vielfältige Ressourcen verfüge, diese aber mit Bedacht einsetzen muss, ansonsten verliere ich meine Lebensenergie. Ich habe auch erfahren, dass es von Vorteil ist, die eigenen Ressourcen mit den Ressourcen anderer Personen zu vernetzen." (I1, Abs. 38)

K.7.6 Potentialentfaltung

Mehrere Jugendliche sprachen im Interview über das Thema Potentialentfaltung und äußerten sich in diesem Zusammenhang über die Entfaltung der eigenen Potentiale, der eigenen Stärken und Schwächen. Eine Befragte gab an, dass sie durch die Schulverweigerung gelernt hatte, ihr Potential *„besser und bewusst"* (I3, Abs. 24) zu nutzen. Eine Interviewpartnerin sprach von der Entfaltung des kreativen Potentials (vgl. I6; Abs. 34). Eine Person erzählte im Interview von individuellen Lösungen, die zur Potentialentfaltung geführt hatten (vgl. I9, Abs. 39). Viele Jugendliche gaben im Interview an, dass Schulverweigerung zur Entfaltung der individuellen Stärken geführt hatte (vgl. I7, Abs. 33; I11, Abs. 36; I14, Abs. 31; I18, Abs. 34).

Auszüge aus den Transkripten:

„Ich habe durch die Schulverweigerung mein Entwicklungspotential genutzt, vor allem, weil ich tun konnte, was ich wollte. Ohne meine selbst geschaffenen Räume, abseits von allem, wäre mir dies nicht gelungen." (I14, Abs. 37)

„Mir würden viele positive Erfahrungen fehlen, aber auch Situationen des Schmerzes und Leidens, die mein Entwicklungspotential aktiviert haben." (I19, Abs.26)

„Ich bin immer noch über mein Entwicklungs- und Veränderungspotential überrascht." (I19, Abs. 44)

K7.7 Sinnfindung

Ein Großteil der befragten Personen thematisierte die Sinnfindung. Viele Jugendliche brachten Sinn mit Schule in Verbindung und merkten an, dass für sie Schule keinen Sinn macht, weil dort nur *„[...] sinnloses Zeug"* (I3, Abs. 12) vermittelt wird. Viele Interviewpartner*innen gaben an, dass sie durch die Schulverweigerung bewusst nach dem Sinn des Lebens suchten und mehr Wert auf Sinn legten. Mehrere nahmen sich vor, künftig nur noch sinnvolle Dinge tun zu wollen (vgl. I2, Abs. 35). Viele sprachen davon, dass die Schulverweigerung für sie sinnvoll war und sie im Prozess ein individuelles Sinnbewusstsein entwickelt hatten (vgl. I2, Abs. 23) bzw. sich ihr *„[…] Verständnis von Sinn…"* (vgl. I3, Abs. 26) verändert hatte.

Einige Jugendliche drückten ihre Gedanken zur Sinnfindung wie folgt aus:

„Ich hatte durch die Schulverweigerung die Möglichkeit, mir meine eigene kleine verbotene Sinn-Welt zu schaffen, ohne Kontrolle, ohne Einschränkung, ohne Eltern und Lehrpersonen. Dadurch habe ich den Sinn meines Lebens ohne Fremdbestimmung erfahren dürfen. Meine Vorstellung von Sinn hat sich verändert und weiterentwickelt. Ich weiß jetzt, welchen Sinn ich meinem Leben geben möchte und was für mich sinnvoll ist." (I1, Abs. 38)

„Schulverweigerung macht immer Sinn. Alles was nicht normal ist, macht Sinn. Ich habe durch die Schulverweigerung einen neuen Sinn in meinem Leben entdeckt. Ich sehe meinen Sinn darin, nicht den anderen Menschen zu entsprechen und ihr Leben zu leben. Mein Sinn ist mein Leben nach meinen Vorstellungen zu leben. Ich scheiß auf andere Vorstellungen von Sinn." (I 2, Abs. 23)

„Ich habe in dieser Zeit auch erfahren, dass mein Sinn vom Leben nicht dem Sinn anderer entspricht. Darum habe ich für mich entschieden, mich auf die Suche nach dem persönlichen Sinn zu begeben. Die Zeit der Schulverweigerung hat mir dabei geholfen, ein eigenes Sinnbewusstsein zu entwickeln." (I12 Abs. 51)

Interpretation

Alle Schulverweigerer*innen gaben an, dass sie in der Zeit der Schulverweigerung eine vernetzende Entfaltung der Kompetenzen wahrgenommen hatten.

Sie richteten im Verlauf der Schulverweigerung ihren Focus verstärkt auf die die eigenen Bedürfnisse, die Selbstwirksamkeit, Selbstregulation, Selbständigkeit und Eigenverantwortung. Viele suchten nach neuen Möglichkeiten der Stressregulierung und Gefühlsbewältigung.

Die Jugendlichen thematisierten in den Interviews das Erlernen von neuen Verhaltensweisen, auch im Umgang mit anderen. Sie sprachen davon, dass sie in der Zeit der Schulverweigerung häufiger Verantwortung für andere übernahmen, ihre Kommunikationsfertigkeiten erweiterten und sich selbst als beziehungs- und teamfähiger empfanden.

Wie im Kapitel 4.3 beschrieben, ist gerade für Schulverweigerer*innen die Entwicklung der sozialen Kompetenzen und der Beziehungsfähigkeit von großer Bedeutung, damit die gesellschaftliche Integration gelingt.

Viele Schulverweigerer*innen sprachen von der Weiterentwicklung der eigenen Lösungskompetenz. Die Entfaltung dieser Kompetenz war für viele eine bewusst getroffene Entscheidung. Sie sprachen von einer grundlegenden Veränderung des Blickwinkels vom Problemfokus hin zur Lösungsfokussierung.

Die frühzeitige Förderung und Entwicklung der Lebenskompetenzen ist vor allem für Schulverweigerer*innen von großer Bedeutung (vgl. dazu Kap. 6.3). Sie brauchen diese zur Bewältigung des Schulverweigerungsprozesses und ihrer individuellen Entwicklungsaufgaben. Deshalb sollten die Lernkompetenzen als fächerübergreifende Ziele im Handlungsplan der Schule verankert sein und verbindlich umgesetzt werden. Eine Möglichkeit der Unterstützung wäre die Vernetzung mit anderen Institutionen und die gemeinsame Durchführung von individuellen Trainings und Beratung für Schulverweigerer*innen.

Aus den Ergebnissen wurde ersichtlich, dass Schulverweigerer*innen gerne eigene, ungewohnte Lernwege gingen und oft außergewöhnliche Methoden wählten. Motivieren konnte man sie häufig mit selbstorganisiertem Lernen.

In den Interviews wurde von den Jugendlichen mehrfach die Ressourcennutzung in der Zeit der Schulverweigerung thematisiert.

Aus den Antworten der Interviewpartner*innen wurde ersichtlich, dass viele Schulverweigerer*innen durch die neuen Herausforderungen in der Zeit der Schulverweigerung bewusst ihr Entwicklungspotential besser nutzten. Viele setzten sich auch

mit der Sinnfrage auseinander. Mehrere Personen bemängelten, dass an Schulen oft die notwendige Sinnvermittlung gefehlt hatte. Eine Befragte gab an, dass sie sich ihre eigene verbotene Sinn-Welt außerhalb der Schule geschaffen hatte, um Sinn ohne Fremdbestimmung erleben zu können (vgl. I1, Abs. 38).

Alle Ergebnisse zeigten auf, dass es für Schulverweigerer*innen wichtig ist, dass sie bei der Planung und Umsetzung von Zielen, Inhalten oder Handlungen, mit einbezogen werden, sodass durch Partizipation Passung entstehen kann. Auf diese Weise konnten Schulverweigerer*innen zu individuellen Sinnkonstruktionen finden und diese weiterentwickeln.

16.8 K8 – Lösungsvisionen und die perfekte Zukunft der Schulverweigerer*innen

K8.1 Veränderung des Schulsystems und der Curricula

Viele Jugendliche äußerten Kritik am bestehenden Schulsystem (vgl. I1, Abs. 57) und den Curricula (vgl. I4 Abs. 45). Mehrere Personen brauchten *„[...] viel mehr Offenheit [...]"* (I7, Abs. 49). Sie wünschten sich, dass das starre Schulsystem flexibler wird, sich die Schule verändert und weiterentwickelt (vgl. I 9, Abs. 50; I10, Abs.15). Eine Interviewpartnerin bezeichnete die schulischen Lerninhalte als Lernstoff „[...] *des letzten Jahrhunderts [...]"* (I4, Abs. 45). Sie merkte weiterhin an, dass Schulen *„[...] die Augen vor dem aktuellen Leben verschießen"* (I4, Abs. 45). Einige Jugendliche sprachen sich dafür aus, dass sich alle Schüler*innen, Lehrpersonen, das nichtunterrichtende Personal und die Führungskräfte gemeinsam, regelmäßig und verpflichtend mit dem Phänomen Schulverweigerung auseinandersetzen sollten. Auch gemeinsame Schulungen wurden angedacht (vgl. I4, Abs. 48).

Mehrere Schulverweigerer*innen äußerten ihre Lösungsvisionen bzgl. Gedanken zum Schulsystem wie folgt:

„Ich finde, es wichtig, dass alle Personen, die in der Schule sind und arbeiten, gemeinsame Schulungen besuchen. Dadurch haben alle die Möglichkeit sich auszutauschen und andere Sichtweisen kennenzulernen. Dies kann sehr bereichernd sein und Veränderungen in der Schule nach sich ziehen." (I4, Abs. 48)

„Ich denke auch, dass es wichtig wäre, das starre Schulsystem aufzutauen." (I4, Abs. 45)

„Mir geht dieses starre Schulsystem auf die Nerven. Es bringt nichts in der Schule zu sitzen. Schule ist langweilig." (I2, Abs. 11)

„Ich möchte gerne etwas am Schulsystem verändern [...]. Ich möchte gern [...] zur Schulverweigerungsaktivistin werden und aktiv an Schulen mitarbeiten. Ich kenne die Situation am besten, denn ich habe sie durchlebt. Jedenfalls würde ich meine Erfahrungen gerne für weitere Forschungen und zur Ausarbeitung von Schulprogrammen oder für Workshops zur Verfügung stellen." (I3, Abs. 21)

K8.2 Fächerübergreifendes Unterrichtsfach "Lösungskompetenz"

Einige Interviewpartner*innen äußerten den Wunsch, in den Schulen neue Unterrichtsfächer einzuführen, die sich mit den Problematiken der Welt auseinandersetzen und wo Schüler*innen lernen, Lösungen zu finden (vgl. I6, Abs. 53). Ein paar Jugendliche sprachen von der Einführung des neuen Unterrichtsfaches Lösungskompetenz (vgl. I4, Abs. 45; I8, Abs. 54).

Einige Schulverweigerer*innen drückten ihre Visionen wie folgt aus:

„Ich denke, es wäre auch eine Möglichkeit andere Unterrichtsfächer zu haben. Die Lerninhalte haben oft nichts mehr mit dem eigentlichen Leben zu tun und sind veraltet. Heutzutage sind viele Jugendliche überfordert mit den aktuellen Problematiken der Welt. Es bräuchte ein Werkzeug, um Lösungen zu finden. Dieses Werkzeug könnte an Schulen im Fach ‚Lösungskompetenz' unterrichtet werden. Nur so kann sich unsere Welt weiterdrehen." (vgl. I8, Abs. 54)

„Ideal wäre das Fach ‚Lösungskompetenz'. In der heutigen Zeit ist es notwendig, dass wir lernen, wie Probleme gelöst werden können. Die Problematiken der Welt sind vielfältig und viele Jugendliche sind nicht fähig, sich diesen Problemen zu stellen." (I4, Abs. 45)

K8.3 Mehr systemisch-lösungsorientierte Beratung und Kurzzeit-Coaching für Schulverweigerer*innen

Viele Jugendliche gaben in den Interviews an, dass es an den Schulen zukünftig mehr systemisch-lösungsorientierte Beratung und Kurzzeit-Coaching braucht (vgl. I6, Abs. 53), wobei die Beratung und Coaching zeitnah erfolgen müssten (vgl. I7, Abs. 49).

Einige Personen drückten den Bedarf und die Organisation von systemisch-lösungsorientierter Beratung und Kurzzeitcoaching mit folgenden Worten aus:

*„Ich hätte in dieser Zeit der Schulverweigerung auch kompetente Berater gebraucht, die meine Situation verstehen, mir Sicherheit geben und sich einfühlen können. Aber, bis man in den starren Schulsystemen eine Beratung bekommt, das dauert viel zu lange. Das müsste viel schneller und zeitnaher passieren, sonst hat man als Schulverweigerer*in keine Lust mehr darüber zu reden. Lange warten zu müssen, bedeutet geringe Wertschätzung, Einschränkung und Inkompetenz den Jugendlichen gegenüber. Am besten wären systemisch-lösungsorientierte Beratungszentren und kompetente Beratungslehrer*innen direkt vor Ort, wobei die Beratungstermine außerhalb der Unterrichtszeit stattfinden und somit unauffällig sind."* (vgl. I8, Abs. 53)

*„Systemisch-lösungsorientierte Beratung finde ich persönlich sehr spannend und wirkungsvoll. Ich denke, dass ich von den Beratungen viel profitiert habe. Ich habe auch viel für mein weiteres Leben gelernt. Ich weiß, dass Lösungen in mir stecken, ich brauch mich nur zu öffnen. Ich denke, dass auch andere Schulverweigerer*innen diese Chance haben sollten, darum bin ich dafür, dass es an den Schulen fixe Beratungszentren mit dem systemisch-lösungsorientierten Ansatz geben soll. Viele Lehrpersonen bräuchten halt eine zusätzliche Ausbildung in diesem Bereich."* (I19, Abs. 70)

*„Ich würde mir Kurzzeit-Coaching für Schüler*innen an der Schule wünschen. In der Wirtschaft kommt diese Form der Beratung ja ganz gut an. Ich denke die Schule sollte sich einmal weiterentwickeln und mit der Zeit gehen, statt sich abzukapseln."* (I10, Abs. 43)

K8.4 Vernetzte Prävention-Intervention und Rehabilitation

Viele Schulverweigerer*innen äußerten sich zur Wichtigkeit der Prävention und wünschten sich, dass präventive Maßnahmen früher, öfter und regelmäßig durchgeführt werden (vgl. I1, Abs. 51; I7, Abs. 49,

I6, Abs. 54; vgl. I14, Abs. 50). Die Wirksamkeit von Prävention wurde bisher *„[...] unterschätzt"* (I6, Abs. 54). Einige Schulverweigerer*innen gaben zu bedenken, dass noch passende, effektive und wirksame Materialien für Schulverweigerer*innen fehlen. Die didaktischen Materialien sollten *„[...] nicht von den Lehrpersonen stammen, sondern von ehemaligen Betroffenen"* (I1. Abs. 55; I6, Abs. 53).

Zwei Schulverweigerer*innen äußerten ihre Gedanken und Vorschläge zur Prävention, Intervention und Rehabilitation wie folgt:

„Ich finde, dass die Prävention sehr wichtig ist. Leider wird ihre Wirksamkeit immer noch unterschätzt." (I6, Abs. 54)

„Ich denke, dass die Schule mehr an der Prävention, Intervention und Rehabilitation ansetzen sollte." (I9, Abs. 50)

K8.5 Unterstützergruppen an Schulen mit externen Expert*innen der Schulverweigerung

Bei den Interviews sprachen sich mehrere Jugendliche für Unterstützer*innengruppen in Schule und Beratung aus. (vgl. I1, Abs. 51; I6, Abs. 57; I8, Abs. 56; I11, Abs. 51; I16, Abs. 51). Aus den Gedanken der Schulverweigerer*innen lässt sich zusammenfassend folgende Lösungsvision ableiten: Die Unterstützer*innengruppen helfen Schulverweigerer*innen, mit den vielfältigen Belastungssituationen fertig zu werden. Sie vermitteln Sicherheit und Struktur und bieten unterschiedliche Unterstützungsmaßnahmen an. Folgende Personen sind Mitglieder der Unterstützergruppe: Ehemalige Schulverweigerer*innen als Expert*innen, Lehrpersonen und Mitschüler*innen (vgl. I7, Abs. 47).

Einige Interviewpartner*innen drückten ihre Vorstellungen über die Unterstützergruppe wie folgt aus:

*„Es braucht an der Schule Unterstützergruppen mit Expert*innen für Schulverweigerung."* (I6, Abs. 57)

*„Ich schlage außerdem Unterstützergruppen für Schulverweigerer vor. Diese Gruppen sollte sich aus Expert*innen für Schulverweigerung, das sind ehemalige Schulverweigerer*innen, einer Beratungslehrperson, weiteren Lehrpersonen, unterstützenden Mitschüler*innen und natürlich der*

*Schulverweigerer*in selbst zusammensetzen. Diese Gruppe kann sich regelmäßig zu Gesprächen treffen und gemeinsame Unterstützungsmaßnahmen ausarbeiten."* (I8, Abs. 56)

K8.6 Partizipation und Mitbestimmung und Mitarbeit

Viele Befragten sprachen sich im Interview für mehr Möglichkeiten der Partizipation und Mitbestimmung für Schulverweigerer*innen aus (vgl. I4, Abs. 44; I6, Abs. 53, I8, Abs. 50; I13, Abs. 49; I14, Abs. 50). Eine Person gab an, dass sie Partizipation besonders wichtig fand und Entmündigung hasste (vgl. I4, Abs. 44). Sie wünschte sich, dass Schüler*innen mehr *„[...] mitreden, mitentscheiden und klar sagen dürfen [...]"* (I4, Abs. 44). Einige Interviewpartner*innen sprachen die Partizipation von Schulverweigerer*innen bei der Ausarbeitung von didaktischen Materialien an (vgl. I2, Abs. 53; I6, Abs. 53; I7, Abs. 49; I8, Abs. 46; I9, Abs. 50, I20, Abs. 51). Mehrere Interviewpartner*innen gaben an, dass sie sich eine Plattform für Schulverweigerer*innen wünschten (vgl. I2, Abs. 53; I10, Abs. 45; I14, Abs. 50; I20, Abs. 51).

Ein Schulverweigerer drückte seine Gedanken zu Partizipation und Mitbestimmung folgendermaßen aus:

*„Ich wünsche mir mehr Mitbestimmung und Beteiligung der Schüler*innen [...]. Ehemalige Schulverweigerer*innen könnten als externe Expert*innen an die Schulen eingeladen werden, um dort zu beraten oder mitzuarbeiten. Eine Plattform für Schulverweigerer*innen wäre anzudenken sowie die Ausarbeitung von Tools, die auf allen schulischen Ebenen verwendet werden können. Die Mitarbeit von Schulverweigerer*innen bei der Ausarbeitung könnte neue Zugänge und Ideen schaffen."* (I14, Abs. 50)

K8.7 Expertentum

Viele der Befragten bezeichneten sich selbst als Expert*innen für Schulverweigerung und waren der Meinung, dass sie durch ihre Lebenserfahrung Schulverweigerer*innen wirkungsvoll helfen konnten (vgl. I1, Abs. 25; I4, Abs. 15; I6, Abs. 53 bzw. 57; I7, Abs. 48; I8, Abs. 50; I14, Abs. 21, I19, Abs. 42).

Einige äußerten sich zum Expertentum folgendermaßen:

„Ich denke, dass man als Mensch über Situationen besser Bescheid weiß, die man durchlebt hat. Ich bin Expertin in diesem Bereich und könnte mein Wissen gerne auch anderen zur Verfügung stellen. Auch in den Schulen könnte

*ich so Schüler*innen helfen und sie in irgendeiner Form unterstützen."* (I1, Abs. 25)

„Ich weiß selbst am besten, was ich brauche, was ich möchte und wohin ich gehen will. Ich allein finde den Weg zu mir selbst, zu meinen individuellen Lösungen und Visionen. Ich bin Expertin meines Lebens und deshalb auch Expertin für Schulverweigerung." (I19, Abs. 42)

„Expertentum ermöglicht einen weiteren Blickwinkel und Lösungen, die wirksam und nachhaltig sind." (I14, Abs. 21)

K8.8 Veränderungen im Unterricht

Viele Jugendliche gaben an, dass sie sich Veränderungen im Unterricht wünschten.

Eine Person brachte den Vorschlag ein, dass die Lehrpersonen öfter als bisher die Unterrichtstunden ins Internet stellen sollten, sodass „[...] *die Unterrichtstunde online mitverfolgt* [...]" (I6, Abs. 53) werden kann. Viele wünschten sich einen regelmäßigen und klar strukturierten Wechsel von Fernunterricht und Präsenzunterricht. Eine Jugendliche sprach sich dafür aus, an den Schulen einen gleitenden Unterrichtsbeginn einzuführen, und zwar von 8.30 Uhr bis 9.30 Uhr. Einen früheren Unterrichtsbeginn bezeichnete die befragte Person als Folter (vgl. I6, Abs. 36). Eine Person sprach sich gegen die bestehende Entmündigung der Schüler*innen aus und war für das Prinzip der Augenhöhe (vgl. I4, Abs. 44).

Mehrere Jugendliche äußerten den Wunsch nach mehr Sicherheit an der Schule. Eine Person merkte hierzu an, dass sich mehrere Schulverweigerer*innen an der Schule nicht sicher fühlen, weil sie wegen der Schulverweigerung unter Druck gesetzt, ausgegrenzt oder beschimpft werden (vgl. I7, Abs. 51). Einige Interviewpartner*innen kritisierten die fehlende Präsenz der Lehrpersonen. Eine Person sagte hierzu, dass sie sich Lehrpersonen wünscht, die sich wirklich um ihre Schüler*innen bemühen und nicht nur anwesend sind (vgl. I3, Abs. 59).

Eine Befragte äußerte sich zur wahren Präsenz folgendermaßen:

„Ich finde es auch wichtig zu sagen, dass viele Lehrpersonen im Unterricht nicht als Personen anwesend sind, sondern nur Marionetten sind, ohne Inhalt. Ich wünsche mir für die Schule Lehrpersonen, die präsent sind und

*spürbar sind. Viele Schüler*innen spüren diese innere Leere und Abwesenheit der Lehrpersonen, deshalb spiegeln sie ihnen durch die Schulverweigerung nur ihre eigene Abwesenheit wider.“* (I8, Abs. 31)

Mehrere Interviewpartner*innen wiesen darauf hin, wie wirkungsvoll Humor im Unterricht ist. Mehrere Befragte wünschten sich Lehrpersonen, die im Unterricht humorvoll sind (vgl. I3, Abs. 59; I8, Abs. 57; I10, Abs. 15; I12, Abs. 48) und viel loben (I8, Abs. 57). Einige Jugendliche wünschten sich mehr Wertschätzung den Schulverweigerer*innen gegenüber (vgl. I 13, Abs. 49), weil Muster brechen und Schule verweigern auch eine Leistung ist (I2, Abs. 49). Einige erwarteten sich eine wertschätzende Haltung zwischen Lehrpersonen und Schüler*innen (vgl. I12, Abs. 48). Eine Person merkte hierzu an, dass Schüler*innen auch Menschen sind, die Wertschätzung verdienen (vgl. I15, Abs. 46). Mehrere Interviewpartner*innen setzten sich für neue Unterrichtsmethoden ein. Ein Interviewpartner sprach sich für mehr Wahlmöglichkeiten im Unterricht aus und flexible Unterrichtsformen, die sich nach den Interessen der Schüler*innen ausrichten. (vgl. I15, Abs. 44). Einige Jugendliche bemängelten die Aktualität und den Lebensbezug der Lerninhalte (vgl. I8, Abs. 54). Mehrfach wurde von den befragten Personen auch die Abschaffung der Noten thematisiert (vgl. I2, Abs. 51; I3, Abs. 59).

Ein Jugendlicher drückte sich zum bestehenden Bewertungssystem und zur Abschaffung der Noten wie folgt aus:

*„Ich möchte, dass die leitenden Personen ein anderes Bewertungssystem einführen. Noten zwingen Schüler*innen sich anzupassen. Sie werden alle gleich behandelt und gleich bewertet. Diese Gleichschaltung schafft Druck, Konkurrenz und nimmt die Freude am Lernen. Außerdem sagen Noten sowieso nichts aus. Bewertungen in Form von Lerngesprächen finde ich sinnvoller.“* (I4, Abs. 47)

K8.9 Entwicklungskoffer und Plattform für Schulverweigerer*innen

Mehrere Jugendliche erklärten sich bereit, bei der Ausarbeitung von Tools von Schulverweigerer*innen für Schulverweigerer*innen mitzuarbeiten. Ein weiterer Vorschlag einiger Interviewpartner*innen war, eine Plattform für Schulverweigerer*innen einzurichten.

Hierzu die Aussage einer Jugendlichen:

*„Ich biete gerne meine Zusammenarbeit an, eventuell für die Entwicklung von neuen Lösungen, Materialien oder die Erstellung einer Plattform für Schulverweigerer*innen."* (I10, Abs. 45)

Interpretation

Die Ergebnisse der Interviews ergaben, dass sich viele Schulverweigerer*innen Veränderungen an Schulen und im Unterricht wünschten. Die Veränderungsvorschläge waren vielfältig und reichten von der wertschätzenden Beziehung, über die wahre Präsenz der Lehrpersonen, den Humor im Unterricht bis hin zu lebensnahen und aktuellen Lerninhalten.

Viele Schulverweigerer*innen möchten zukünftig bei der Schul- und Unterrichtsentwicklung mitgestalten. Durch ihre Erfahrungen als Expert*innen für Schulverweigerung könnten sie, so ihre Aussagen in den Interviews, wirkungsvolle Veränderungsvorschläge einbringen. Mehrere Jugendliche brachten bereits konkrete Beispiele ein, wie beispielsweise die Entwicklung eines Entwicklungskoffers mit Tools von Schulverweigerer*innen für Schulverweigerer*innen und / eine Plattform für Kinder und Jugendliche mit schulverweigerndem Verhalten.

Mehrere Interviewpartner*innen wünschten sich neue Unterrichtsfächer an den Schulen, die auf das Leben vorbereiten. Zwei Schulverweigerer*innen schlugen das Fach „Lösungskompetenz" vor. Das Fach sollte Schüler*innen, Lehrpersonen und Führungskräften die lösungsfokussierte Haltung näherbringen.

Von mehreren Schulverweigerer*innen wurde der Wunsch geäußert, dass alle Lehrpersonen im Coaching und in der Beratungstätigkeit geschult werden. Das Kurzzeitcoaching sollte verstärkt als zusätzliche Gesprächsform im Schulalltag eingesetzt werden.

Mehrere Schulverweigerer*innen äußerten in den Interviews die Vision von Unterstützer*innengruppen an Schulen. Unterstützer*innengruppen könnten Schulverweigerer*innen mehr Struktur, Orientierung und Sicherheit im Schulalltag geben. Wie im Kapitel 4.3 thematisiert, haben nämlich vor allem Kinder und Jugendliche mit schulvermeidendem Verhalten ein großes Bedürfnis nach Sicherheit und Unterstützung.

Viele Schulverweigerer*innen unterstrichen in den Interviews die Bedeutung von zeitnaher Prävention, Intervention und Rehabilitation. Schulen sind deshalb gefordert, frühzeitig und regelmäßig präventive, interventive und rehabilitative Maßnahmen zu setzen.

Thematisiert wurde in den Interviews weiter das Expertentum, weitere Möglichkeiten der Schul- und Unterrichtsentwicklung sowie der systemisch-lösungsfokussierte Entwicklungskoffer von Schulverweigerer*innen für Schulverweigerer*innen. Einige Jugendliche sprachen sich für eine Plattform für Schulverweigerer*innen aus.

17 Zusammenfassung und Diskussion der Ergebnisse

17.1 Dauer der Schulverweigerung

Die Antworten der Schulverweigerer*innen zeigten auf, dass das Phänomen Schulverweigerung ein zirkulärer Prozess ist, der unterschiedlich lange dauert. Dynamik und Länge hängen vom Zusammenspiel innerer und äußerer Faktoren ab. Schulverweigerung verstört Systeme und löst in Systemen Eigendynamik aus. Diese Eigendynamik entwickelt sich durch die Wechselwirkung von individuellen Lösungen und Entwicklungen weiter.

17.2 Die Entscheidung

Die Forschungsergebnisse zeigten, dass es mehrere Schulverweigerer*innen gibt, die sich bewusst für den Weg der Schulverweigerung entscheiden. Motive sind hierbei das Brechen von bestehenden Mustern, Neuorientierung oder die Suche nach persönlicher Würde.

17.3 Die Rechtfertigungen der Schulverweigerer *innen für ihre Abwesenheiten

In den Interviews nahmen die Jugendlichen zu den Rechtfertigungen für ihre Abwesenheiten Stellung. Sie merkten an, dass ihre Begründungen nur partiell der Wahrheit entsprachen und die Begründungen oft Ausreden waren. Die Entschuldigungen wurden von den Jugendlichen öfters selbst unterschrieben oder sie fälschten die Unterschrift der Eltern.

Folglich entsprechen die Motive für Schulverweigerung nur z. T. der Wahrheit und es ist für Lehrpersonen, Schulführungskräfte und Eltern oft schwierig, Schulverweigerungsmuster frühzeitig zu erkennen oder den Entkoppelungsprozess in den Anfängen zu stoppen. Die Verzerrungen der Ergebnisse hängen teilweise mit nicht regelmäßigen Registrierungen von Seiten der Lehrpersonen zusammen und/oder den beschönigenden Rechtfertigungen der Erziehungsberechtigten. Deshalb ist es sinnvoll und wirksam, Maßnahmen zu treffen, die Verzerrungen reduzieren. Monitoring ist eine Möglichkeit mit Verzerrung umzugehen und diese zu mindern. Auf diese Weise kann effektiv gegen Schulverweigerung vorgegangen werden. Zudem wird durch Monitoring Schulverweigerung frühzeitig wahrgenommen und dadurch dem Entkoppelungsprozess entgegengewirkt (vgl. dazu Kap. 4.2).

Aus den Antworten der Interviewpartner*innen wurde zudem ersichtlich, dass bei vielen die Schulverweigerung zu Beginn nicht auffiel, weil die Kinder und Jugendlichen die Form der Verweigerung immer wieder veränderten. Dieses „nicht sofort ertappt werden", motivierte die Schulverweigerer*innen darin, weiterzumachen bzw. ihre Schulverweigerung noch zu verstärken. Folglich ist es wichtig, dass sich Lehrpersonen mit den unterschiedlichen Mustern und Formen der Schulverweigerung auseinandersetzen, um Schulverweigerungstendenzen schneller wahrzunehmen und zeitnah sowie konsequent reagieren zu können.

Aus den Forschungsergebnissen kann abgeleitet werden, dass eine verlässliche und umfassende Aufmerksamkeitskontrolle an Schulen sowie gezielte und vernetzende Schulung von Lehrpersonen, Erziehungsberechtigten und Schüler*innen in diesem Bereich hilfreich sein können, um Schulverweigerung frühzeitig zu erkennen und erste effektive Maßnahmen zu setzen.

17.4 Das „Neun-Phasen-Modell der Schulverweigerung"

Die Forschungsergebnisse bestätigten, dass die ursprüngliche Lösung „Schulverweigerung" im Laufe des Prozesses zum Problem wurde. Schulverweigerung wurde zum Impuls, der das System verstörte, Chaos verursachte und dadurch neue Lösungsfindungsprozesse, Lösungen und Weiterentwicklungen auslöste.

Bei der Auswertung der Interviews zeigte sich, dass der Entwicklungsprozess der Schulverweigerung, im Wesentlichen, einem immer wieder gleichem Ablauf folgt.

Aus dieser Erkenntnis wurde in Anlehnung an Königswieser und Exner (siehe dazu Abb. 2), das „Neun-Phasen-Modell der Schulverweigerung" entwickelt (siehe dazu Abb. 26).

Phase 1: Ursachen

Phase 2: Türöffner

Phase 3: Entscheidung

Phase 4: Euphorie und Wohlbefinden

Phase 5: Verstärkung und Transformation

Phase 6: Krise und

Phase 7: Wechsel-Wirkungen

Phase 8: Experimentierphase und Neu-Orientierung

Phase 9: Weiter-Entwicklung

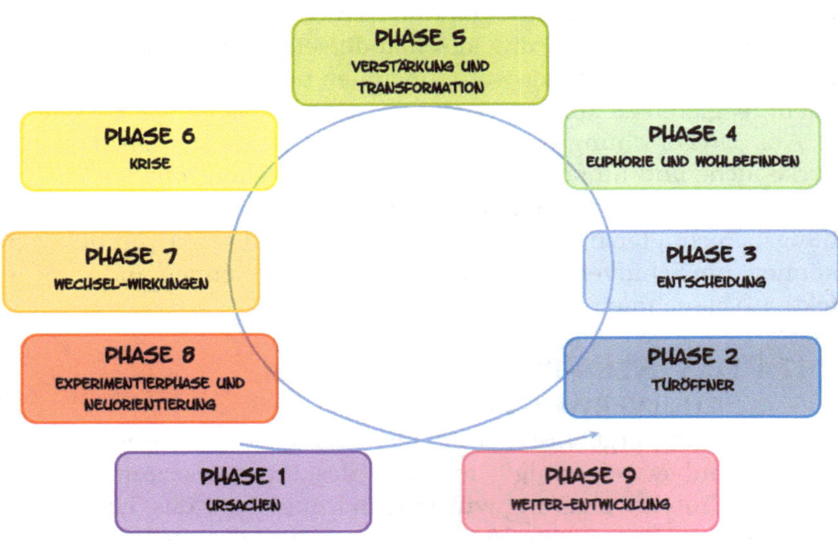

Abb. 26: Das „Neun-Phasen-Modell der Schulverweigerung“ (eigene Abbildung in Anlehnung an Königswieser/Exner 2002, S. 24)

- **Phase 1: Ursachen**

Die von den Schulverweigerer*innen angegebenen Ursachen und Motive für Schulverweigerung waren sehr vielfältig.

Mehrfach thematisierten die Schulverweigerer*innen die starre Struktur des Schulsystems. Viele bemängelten die geringe Möglichkeit der Partizipation, die fehlende Bedürfnisorientierung und die mangelhafte Passung zwischen der Persönlichkeit und dem System.

Mehrere Jugendliche sprachen von Unterforderung und Langeweile im Unterricht. Einige Personen sahen im Lernen keinen Sinn und kritisierten den fehlenden Lebensbezug der Inhalte. Im Kapitel 3.4. wurde diesbezüglich aufgezeigt, dass sich Schulverweigerer*innen bei fehlender Passung zurückziehen oder mit Desinteresse und Unterrichtsstörungen reagieren.

Die Schulverweigerer*innen nannten als weitere Ursachen für Schulverweigerung die oft mangelnde Wertschätzung von Seiten der Lehrpersonen und Mitschüler*innen, die Humorlosigkeit der Lehrer*innen, die geringe Anerkennung der Leistungen und die mangelnde Sicherheit für Schulverweigerer*innen an Schulen. Aus den Antworten wurde zudem ersichtlich, dass die Beziehung zwischen Schulverweigerer*innen und Lehrpersonen, eine tragende Rolle spielt. Wie bereits in vorhergehenden Kapiteln mehrfach angesprochen, fördert ein wertschätzendes, humorvolles und optimistisches Auftreten die mitmenschliche Beziehung. Im Kapitel 9.3 wurde beispielsweise auf die Bedeutung und Wirksamkeit von Humor an Schulen hingewiesen. Humor ermöglicht einen ganzheitlichen und neuen Zugang zu Schulverweigerer*innen, nämlich durch die Kommunikation und Kontaktaufnahme mit der fröhlichen und unbeschwerten Seite der Menschen. Humor ist folglich eine Möglichkeit, die Person ganzheitlich wahrzunehmen und zu würdigen.

In den Interviews wurde von den Jugendlichen mehrfach die mangelnde Wertschätzung an Schulen thematisiert und als Motiv und Ursache für Schulverweigerung angegeben. Im Kapitel 8.1 wurde das Thema Wertschätzung in Bezug auf Schulverweigerung näher behandelt. Durch Wertschätzung passiert Öffnung und entwickelt sich ein bei Schulverweigerer*innen ein Sicherheitsgefühl. Folglich ist es wichtig, eine wertschätzende Beziehung zwischen Schulverweigerer*innen und Lehrpersonen, Mitschüler*innen und Eltern aufzubauen. So erfahren Schulverweigerer*innen mehr Sicherheit an den Schulen und im Umfeld. Im Theorieteil wurde im Zusammenhang mit Sicherheit und Schulverweigerung darauf hingewiesen, dass Unsicherheit bedrückende Gefühle aktiviert und antisoziales Verhalten fördert (vgl. Ricking/Albers 2019, S. 43 f.). Ableitend kann gesagt werden, dass durch eine wertschätzende und vielschichtig vernetzende Beziehungsarbeit die Integration von Schulverweigerer*innen gefördert wird.

Die Antworten der Interviewpartner*innen bestätigten die Tatsache, dass Schulverweigerung oftmals durch soziale Konflikte im Umfeld bzw. innere Konflikte verursacht wird. Im Kapitel 8.4 wurde der Umgang mit inneren und äußeren Konflikten thematisiert, denn Schulverweigerung kann auch als innerer bzw. sozialer Konflikt gesehen werden. Auch länger andauernde soziale Konflikte im Umfeld von Schulverweigerer*innen verursachten, so die Angaben der Interviewpartner*innen, Schulverweigerung. Soziale Konflikte im Umfeld bewirkten, dass es zwischen Schulverweigerer*innen und dem Umfeld zu einer Kollision von Zielen kam. Diese wurden, so die Ergebnisse der Interviews, durch mangelnde Kommunikation, unterschiedliche Haltungen und unklare Rollenverteilung verursacht. Soziale Konflikte sorgten für Spannungen und Druck, sodass mehrere Schulverweigerer*innen für sich entschieden, dem Unterricht fern zu bleiben und die Schule zu verweigern. Daraus kann abgeleitet werden, dass soziale Konflikte und Schulverweigerungsprozesse durch klare und transparente Ziele, Partizipation und wertschätzende Vernetzung von unterschiedlichen Werten und Haltungen wirksam reduziert werden können. Auch die gewaltfreie Kommunikation aktueller Prozesse und Weltbilder kann zur Lösung von sozialen Konflikten und zur Reduktion von Schulverweigerung beitragen. Es kann der Rückschluss gezogen werden, dass durch die Verminderung von sozialen Konflikten im Umfeld der Schulverweigerer*innen auf die Schulverweigerer*innen selbst Einfluss genommen werden kann. Die wirkungsvolle Beilegung von sozialen Konflikten im Umfeld nimmt Schulverweigerer*innen den Druck und ermöglicht die Weitung der Handlungsstrategien.

Vielen Schulverweigerer*innen war die wahre Präsenz der Bezugspersonen wichtig. Eine Person gab an, dass sie die Lehrpersonen als leere Marionetten empfand und dies für sie eine der Ursachen für Schulverweigerung war. *„Viele Schüler*innen spüren diese innere Leere und Abwesenheit der Lehrpersonen, deshalb spiegeln sie ihnen durch die Schulverweigerung nur ihre eigene Abwesenheit wider"* (I8, Abs. 31). Wie im Kapitel 3.3 behandelt, wirkt wahre Präsenz auf die Verhaltensweisen der Jugendlichen und auf die Umsetzung von Handlungen, auch deshalb, weil wahre Präsenz die Entwicklung des „schlechten Gewissens" fördert, und dadurch Handlungen von Schulverweigerer*innen beeinflusst. Folglich kann wahre Präsenz schulvermeidendes Verhalten beeinflussen.

- **Phase 2: Türöffner**

Die Interviewpartner*innen nannten unterschiedliche Türöffner (konkrete Impulse oder Situationen), die zur Schulverweigerung führten. Laut den Angaben mehrerer Schulverweigerer*innen führten Türöffner zu plötzlichen Entscheidungen oder zur konkreten Umsetzung von bereits länger gereiften Ideen. Die Befragten nahmen die Türöffner so wahr, dass sie zu aktivem Handeln einluden und Suchprozesse initiierten. Ableitend kann festgestellt werden, dass es sinnvoll ist, Kinder und Jugendliche zu beobachten. Werden mögliche Türöffner vom Umfeld wahrgenommen, gilt es als Lehrperson oder Bezugsperson zeitnah darauf zu reagieren, um dem Entkoppelungsprozess rechtzeitig entgegenzuwirken.

- **Phase 3: Entscheidung**

Die Antworten der Befragten bestätigten die Tatsache, dass alle Schulverweigerer*innen in der Zeit der Schulverweigerung bewusste Entscheidungen trafen. Das Brechen von Mustern war eine dieser Entscheidungen. Systeme sind darauf angesetzt, geschaffene Strukturen und Prozesse fortzusetzen (vgl. dazu Kap. 8.1). Durch das Brechen von Mustern geschieht die Verstörung des Systems. Die Herausforderung für Schulen liegt darin, eine andere Sichtweise von Schulverweigerung zu entwickeln. Schulverweigerung darf folglich nicht mehr als Problem bzw. als die Schuld einzelner Personen gesehen werden, sondern als Impuls für Weiterentwicklung. Schulverweigerer*innen verstören das System, um eigendynamische Veränderungen auszulösen.

- **Phase 4: Euphorie und Wohlbefinden**

Viele Jugendliche erzählten davon, dass es ihnen zu Beginn der Schulverweigerung gut ging. Sie waren euphorisch und glücklich und hatten den Eindruck im Flow zu sein. Sie genossen die Freiheit, die neuen Freiräume und das Leben. Viele waren erleichtert, nicht mehr in der Schule sein zu müssen. Mehrere gaben an, dass für sie das Leben jetzt passte, weil sie tun konnten, was sie brauchten. Einige sprachen davon, wie wichtig es für sie war, einen Freiraum der Selbstbestimmung zu haben. Wohlbefinden und Flow entstehen dann, wenn Menschen Passung erleben (vgl. dazu Kap. 6.2). Dieser Zustand führt laut Studien (vgl. Dreher 2015, o. S.) zur Aktivierung und Nutzung des Entwicklungspotentials.

Folglich brauchen Schulverweigerer*innen an Schulen Passung, Freiräume und Möglichkeiten zur Selbstbestimmung, um im Flow zu sein und das eigene Entwicklungspotential verstärkt zu nützen und zu aktivieren.

- **Phase 5: Verstärkung und Transformation**

Die Jugendlichen erzählten im Interview davon, dass sie im Laufe der Zeit immer häufiger die Schule verweigerten. Diese Aussagen decken sich mit den Entwicklungsmodellen von Seeliger (vgl. dazu Kap. 6.1) und Ricking (vgl. dazu Kap. 6.1), die von einer Verstärkung des Prozesses sprechen. Der Entkoppelungsprozess wurde laut den Aussagen einiger Schulverweigerer*innen durch die vermehrten Erlebnisse des Versagens, durch negative schulische Erfahrungen und durch den zunehmenden Druck von Seiten der Lehrpersonen, Eltern bzw. Mitschüler verstärkt. Die Schulverweigerer*innen verloren zunehmend, so ihre Aussagen, die Freude am Lernen und an der Schule. Daraus kann abgeleitet werden, dass Schulverweigerer*innen durch positive Erlebnisse und bereichernde Lernerfahrungen an die Schule gebunden werden können sowie durch die vermehrte Förderung und Entwicklung jener Kompetenzen, die für sie wichtig erscheinen.

- **Phase 6: Krise**

Viele Jugendliche erzählten im Interview davon, dass sie im Laufe der Schulverweigerung Angst hatten bzw. immer mehr Angst entwickelten. Im Kapitel 3.1 wurden die Ängste von Schulverweigerer*innen thematisiert. Die beschriebene Studie von Dunkake und Ricking (2017) bestätigt, dass Kinder und Jugendliche mit schulvermeidendem Verhalten häufig unter internen Angstsymptomen leiden, wobei 23 % der in der Studie befragten Schüler*innen angaben, häufig ängstlich zu sein (vgl. Dunkake/Ricking 2017).

Aus Angst verlängerten einige der befragten Schulverweigerer*innen die Abwesenheiten. Diese Dynamik wurde im Abschnitt 4.6 genauer beschrieben. Viele der befragten Jugendlichen mussten viel Energie aufwenden, um ihre Befürchtungen und Ängste zu überwinden. Folglich ist es notwendig, dass Schulen auf eine angstfreie Rückkehrgestaltung achten, indem sie angstnehmende Maßnahmen, Wertschätzung und Sicherheit gewährleisten. Ebenso wichtig sind der regelmäßige Elternkontakt, Einzelgespräche, Beratungen und

Fördermaßnahmen, um den versäumten Lernstoff nachzuholen. (vgl. Ricking / Dunkake 2017).

- **Phase 7: Wechsel-Wirkungen**

Die Antworten der Jugendlichen bestätigten, dass Schulverweigerung ein Prozess ist, der Lösungssuche, Lösungsfindung und Weiterentwicklung aktiviert. Jeder Mensch, der ein Problem hat, trägt gleichzeitig die Idee der Lösung des Problems in sich, denn Menschen sind laut Steve de Shazer Experten des eigenen Lebens (vgl. dazu Kap. 8.1). Viele Jugendliche erzählten in den Interviews davon, dass sie durch die Schulverweigerung neue individuelle Lösungen gefunden hatten und sich dadurch weiterentwickeln konnten. Schulverweigerung wurde von Seiten mehrerer Jugendlicher als Lösungsfindungsprozess definiert. Das schulverweigernde Verhalten bezeichneten viele der Befragten zu Beginn als wirksame Lösung, die sich jedoch zu einem späteren Zeitpunkt der Schulverweigerung zum Problem entwickelte. Das Problem Schulverweigerung verstörte irgendwann das System und aktivierte dadurch neue Lösungsfindungsprozesse und Entwicklung (vgl. dazu Kap. 8.2). Folglich aktiviert Schulverweigerung Lösungsfindungs- und Entwicklungsprozesse, die sich gegenseitig bedingen und in Wechselwirkung zueinander stehen. Die individuellen Lösungen der Schulverweigerer*innen eröffnen neue Entwicklungen für die einzelne Person, aber auch für das gesamte System. Neue Entwicklungen führen nachfolgend wieder zu neuen Handlungsmöglichkeiten und Lösungswegen.

- **Phase 8: Experimentierphase und Neu-Orientierung**

Alle befragten Schulverweigerer*innen entwickelten im Verlauf der Schulverweigerung individuelle Lösungen und erzählten im Interview über ihre Experimente, über Lösungsfindungsprozesse sowie über wahrgenommene Wechselwirkungen zwischen Lösung und Entwicklung.

- **Phase 9: Weiter-Entwicklung**

Bei den Interviews stellte sich heraus, dass viele Schulverweigerer*innen in der Zeit der Schulverweigerung unterschiedlich starke Wechselwirkungen zwischen Problem, Lösung und Entwicklung wahrgenommen hatten. Die Jugendlichen sahen Probleme und Lösungen auf unterschiedliche Art und Weise. Auch ihre Lösungsfindungsprozesse und individuellen Lösungen waren vielfältig. Mehrere Antworten der Jugendlichen zeigten auf, dass neue Lösungen Weiterentwicklungen begünstigten und dass neue Entwicklungen wiederum zu neuen Lösungen führten (vgl. dazu Kap. 8.2).

Aus den Ergebnissen der Forschungsarbeit kann abgeleitet werden, dass Lösungen und Entwicklungen zirkulär aufeinander wirken und Lösungszugänge von den Schulverweigerer*innen individuell und situativ gewählt werden. Aus den aufgezeigten Ergebnissen, Vergleichen und Verknüpfungen ergibt sich der Bedarf, dass sich Schulverweigerer*innen zukünftig mehr mit persönlichen und aktuellen Lösungsfindungsprozessen auseinandersetzen dürfen und die „Werkzeuge" der Lösungskompetenz kennenlernen und einüben.

17.5 Lösungswege, Bewältigungsstrategien und neue individuelle Lösungen in der Zeit der Schulverweigerung

Die Ergebnisse der Forschung zeigten auf, dass viele Schulverweigerer*innen in der Zeit der Schulverweigerung mit Lösungswegen experimentierten. Sie probierten neue Bewältigungsstrategien aus und entwickelten vielfältige individuelle Lösungen:

- **Fokus auf Wirkungsvolles und gut Funktionierendes**

Mehrere Interviewpartner*innen gaben an, dass sie in der Zeit der Schulverweigerung den Fokus bewusst auf Dinge und Gegebenheiten richteten, die gut funktionierten und wirkungsvoll waren oder auf positive Ausnahmen in Problemsituationen fokussierten, weil sie diese Sichtweise stärkte und zur Lösungsfindung motivierte. Folglich kann durch Aufmerksamkeitsverschiebung, die Entkoppelung von Problem und Lösung passieren und Öffnung gelingen, sodass neue Energie für Entwicklung frei wird und Freiräume für Veränderung entstehen können.

Die Auseinandersetzung mit Positivem und Optimismus fördert die Entkoppelung von Problem und Lösung (vgl. dazu Kap. 8.1). Zugleich werden auch Ressourcennutzung und Potentialentfaltung aktiviert. Schulen sollten vermehrt mit diesen lösungsfokussierten Werkzeugen arbeiten, um auf den Entkoppelungsprozesse einzuwirken und Dynamiken zu durchbrechen.

- **Zukunftsbilder**

Mehrere Jugendliche gaben an, in der Zeit der Schulverweigerung mit Zukunftsbildern und Zukunftsvisionen gearbeitet zu haben. Dadurch ging es ihnen besser und sie schöpften Hoffnung und / oder erkannten erneut ihre Fähigkeiten und Stärken. Aus Zukunftsvisionen entwickeln sich Lösungen, die aus den Fähigkeiten und Ressourcen der jeweiligen Person heraus entstehen und deshalb für die Betroffene wirkungsvoll und nachhaltig sind (vgl. dazu Kap. 9.3). Zukunftsvisionen erleichtern zudem die Würdigung des Problems (vgl. dazu Kap. 8.1) und die Wertschätzung des Besonderen im Alltäglichen (vgl. Therese Steiner 2016, S. 17) Durch die Fokussierung auf die Zukunft schwindet bzw. wandelt sich das Problem zum Ausblick und zur Vision einer Lösung. Der Blick in die Zukunft aktiviert zudem die Selbstheilungskräfte (vgl. Röhring / Scheinecker 2019, S. 35).

Eine Person (vgl. I2, Abs. 32) gab im Interview an, dass sie in ihren Zukunftsvisionen das tun konnte, was sie von Herzen wollte und dadurch neue Entwicklungen möglich wurden. Folglich befand sie sich durch die Zukunftsvisionen in Flow. Daraus lässt sich ableiten, dass durch imaginäre Passung von Können und Wollen Entwicklungspotential frei wird und ein Freiraum außerhalb von Raum und Zeit entsteht. Folglich sind Zukunftsvisionen und -bilder für Schulverweigerer*innen die Chance, einen neuen Zugang zum individuellen Entwicklungspotential zu finden und dieses zu aktivieren. Die Schule braucht Zukunftsvisionen, um Schulverweigerer*innen zu unterstützen und deren Selbstheilungskräfte zu aktivieren.

- **Beratung, Coaching und Gespräche**

Aus den Interviews wurde ersichtlich, dass viele Schulverweigerer*innen in der Zeit der Verweigerung einen hohen Bedarf an Beratung, Gesprächen und Coaching hatten. Viele Interviewpartner*innen gaben an, dass sie öfter über ihre Situation und das eigene Wohlbefinden reden wollten, es aber in den Schulen schwierig war, einen zeitnahen Termin zu bekommen. Die meisten Schulverweigerer*innen führten ihre Gespräche deshalb mit Freunden, Bekannten, Erziehungsberechtigten und Geschwistern. Flexibilität spielt somit bei der Organisation von Beratungsgesprächen und Coaching eine wichtige Rolle. Flexibilität ist Voraussetzung für zeitnahe Umsetzung.

Mehrere Interviewpartner*innen erklärten sich beim Interview spontan bereit, als Expert*innen (vgl. dazu Kap. 8.1) an Schulen zu arbeiten und beispielsweise in Unterstützergruppen Betroffene zu unterstützen. Folglich ist anzudenken, dass Formen der Beratung, des Coachings und der Unterstützung gefunden werden, die Schulverweigerer*innen und ehemalige Schulverweigerer*innen zusammenführen. Das Expertentum als Haltung ist ein sehr wirkungsvolles und tragendes Prinzip des systemisch-lösungsorientierten Ansatzes.

- **Eigener Lebensrhythmus**

Einige Interviewpartner*innen gaben an, dass sie in der Zeit der Schulverweigerung verstärkt auf die eigenen Bedürfnisse horchten. Viele kritisierten den frühen Unterrichtsbeginn und sprachen sich für andere Unterrichtszeiten aus. Empirische Untersuchungen bestätigen, dass sich im Jugendalter der Schlafrhythmus verändert (vgl. Perkinson-Gloor / Lemola / Grob 2013). Daraus lässt sich ableiten, dass Jugendliche generell, aufgrund der hormonellen Veränderungen, später schlafen gehen und dafür das Bedürfnis haben, länger zu schlafen (vgl. Hoffmann 2017, S. 163) Folglich wäre ein späterer oder gleitender Unterrichtsbeginn an Schulen anzudenken. Die zeitliche Anpassung des Systems an Bedürfnisse der Kinder und Jugendlichen könnte Schulverweigerung minimieren.

- **Individuelle Lösung: Distanz und Rückzug**

Das Gehirn reagiert in Überforderungssituationen mit Distanz, Rückzug oder mit dem Ausblenden von Dingen (vgl. dazu Kap. 3.4). Bei der Durchführung der Interviews stellte sich heraus, dass einige Jugendliche im Verlauf der Schulverweigerung immer wieder bewusst auf Distanz gingen oder sich zurückzogen. Laut den Angaben der Schulverweigerer*innen führten Distanzierung und Rückzug zu einer Aufmerksamkeitsverschiebung, die Entwicklung aktivierte und Lösungsfindungsprozesse begünstigte. Distanzierung und Rückzug ließen neue Freiräume entstehen, in denen Selbstgestaltung und Selbstbestimmung möglich waren. Die neuen Freiräume eröffneten den Schulverweigerer*innen einen freieren und anderen Zugang zu sich selbst und zum Umfeld. Viele Interviewpartner*innen sprachen davon, dass Distanzierung und Rückzug das temporäre Loslassen von Verstrickungen ermöglichten.

Mehrere Jugendliche gaben in den Interviews an, dass sie sich in der Zeit der Schulverweigerung öfters zurückzogen, weil nichts zusammenpasste. Im Kapitel 3.4 werden Rückzug und Distanzierung auch als Folgeerscheinungen fehlender Passung thematisiert. Folglich sollte an Schulen und im schulischen Umfeld vermehrt auf die Passung geachtet werden. Passung zwischen individuellen Bedürfnissen und gesellschaftlichen bzw. schulischen Regeln wäre anzustreben. Methodisch klar strukturierte Freiräume des Lernens und der Entwicklung könnten an Schulen dazu beitragen, dass Schulverweigerer*innen auch in der Schule Möglichkeiten Distanzierung und des Rückzugs (er)leben und so ihr Bedarf und Bedürfnis diesbezüglich gedeckt wird.

- **Individuelle Lösung: Ablenkung**

Mehrere Schulverweigerer*innen gaben in den Interviews an, dass sie sich in der Zeit der Schulverweigerung bewusst ablenkten und den Fokus der Aufmerksamkeit vom Problem weg und hin zu anderen Dingen lenkten. Durch diese Aufmerksamkeitsverschiebung entstanden neue Wechselwirkungen, Dynamiken und Vernetzungen. Viele Schulverweigerer*innen merkten in den Interviews an, dass sie in Phasen der größten Ablenkung rascher neue Lösungen fanden. Mehrere Interviewpartner*innen merkten zudem an, dass sie durch Ablenkung wieder handlungsfähiger wurden. Bewusst gelenkte Ablenkung, beispielsweise durch Humor, Verstörung oder unerwartete Unterrichtselemente könnten im Unterricht oder Elternhaus genutzt werden, um die Handlungs- und Lernfähigkeit von Schulverweigerer*innen zu aktivieren.

- **Individuelle Lösung: Kreatives Schaffen**

Die Ergebnisse der Forschungsarbeit zeigten auf, dass für viele Schulverweigerer*innen das kreative Schaffen in der Zeit der Schulverweigerung eine große Bedeutung hatte. Im Kapitel 3.3 dieser Arbeit wurde die Kreativität als eine Möglichkeit des Musterbrechens thematisiert. Daraus kann abgeleitet werden, dass Schulverweigerer*innen durch kreatives Schaffen ihre eigenen inneren und äußeren Muster durchbrechen. In den Interviews sprachen viele Schulverweigerer*innen von spürbar neuen Wechselwirkungen und Verknüpfungen zwischen Lösungen und Entwicklungen. Folglich sollten Lehrpersonen u. a. Schulverweigerer*innen im kreativen Schaffen und Lernen bestärken, um sie durch die Entwicklung von neuen individuellen „Musterlösungen“ zu stärken.

- **Individuelle Lösung: Provokation**

Mehrere Schulverweigerer*innen gaben in den Interviews an, dass sie in der Zeit der Schulverweigerung bewusst provozierten, um mit der Situation leichter fertig zu werden oder um etwas zu verändern. Im Kapitel 6.2 wurde auch auf die Provokation Bezug genommen und als eine Haltung beschrieben, die mit Disaffektion (vgl. dazu Kap. 6.2) und mit Mut (vgl. dazu Kap. 7.1) einhergeht und Unterschiede schafft. Die Antworten der Schulverweigerer*innen bestätigten diese Erkenntnisse. Mehrere der Befragten gaben an, dass sie durch die Schulverweigerung den Mut entwickelten, immer häufiger mit Grenzen zu experimentieren und/oder sich Freiräume außerhalb der Grenzen zu schaffen. Folglich wäre es an Schulen wichtig, diese Bedürfnisse der Schulverweigerer*innen im Unterricht zu decken. Möglichkeit wären z. B. Rollenspiele oder spielerische Elemente hierfür geeignet.

- **Individuelle Lösung: Verreisen**

Einige Schulverweigerer*innen verreisten in der Zeit der Schulverweigerung. Sie gaben an, dass es für ihren Selbstwert und ihr Weltbild wichtig war, belastende Situationen und Orte zu verlassen. Schulverweigerer*innen sind häufig abwertenden und belastenden Situationen ausgesetzt. Negative Rückmeldung und Wertungen des Nichtkönnens wirken auf ihr Selbstbild (vgl. Ricking 2014). Einige Jugendliche sprachen im Interview davon, dass sie durch das Verreisen neue positive Räume und Realitäten kennenlernen, (er)schaffen und erleben durften. Folglich brauchen Schulverweigerer*innen brauchen Orte, die helfen und heilen. Schulen haben die Chance zu Lern- und Lebensorten zu werden, die Freude bereiten und wo sich Menschen gerne begegnen.

17.6 Kompetenzentwicklung, Ressourcennutzung, Potentialentfaltung und Sinnfindung in der Zeit der Schulverweigerung

Aus den Antworten der Interviewpartner*innen wurde ersichtlich, dass die Schulverweigerer*innen in der Zeit der Schulverweigerung eine starke Eigendynamik des Systems wahrnahmen. Viele bemerkten kontinuierliche Wechselwirkungen und Verknüpfungen von individuellen Lösungen und Entwicklungen und erlebten Transformationen durch Vernetzung von unterschiedlichen Entwicklungsfeldern im Innen und Außen vernetzt.

- **Entfaltung der eigenen Kompetenzen**
  Vielschichtige und vernetzte Kompetenzerweiterung

Die Antworten der Befragten ließen den Schluss zu, dass sich Schulverweigerer*innen im Prozess bewusst mit der eigenen Kompetenzerweiterung auseinandersetzten. Viele bestätigten die Annahme, dass Kompetenzentwicklung im Verlauf der Schulverweigerung auf vielschichtige und vernetzende Art und Weise passierte. Viele Interviewpartner*innen sprachen davon, dass sie ihr Vorwissen mit neuem Wissen verknüpften, oder dass sie versuchten, unterschiedliche Kompetenzbereiche miteinander zu vernetzen und sich dadurch weiterzuentwickeln. Die Vernetzung von Unterschieden und die Auseinandersetzung mit unterschiedlichen Perspektiven ermöglicht auch Schulverweigerer*innen neue Möglichkeiten des Lernens und der Weiterentwicklung.

- **Lebens-, Selbst- und Sozialkompetenzen**

Die Antworten der Schulverweigerer*innen ergaben, dass die Befragten durch die Schulverweigerung ihre vielfältigen Lebenskompetenzen weiterentwickelt hatten. Mehrere Interviewpartner*innen gaben an, dass sich die einzelnen Kernkompetenzen im Schulverweigerungsprozess gegenseitig bedingt hatten oder Kompetenzen von den Betroffenen bewusst oder unbewusst verknüpft wurden. Mehrere Jugendliche nahmen wahr, dass sich bereits vorhandene Kompetenzen auf die Entwicklung und Entfaltung neuer Kompetenzen auswirkten oder diese stärkten bzw. schwächten.

Im Kapitel 6.3 wurde die frühzeitige Förderung und Entwicklung von Lebenskompetenzen für Schulverweigerer*innen thematisiert. Aus den Ergebnissen kann abgeleitet werden, dass es für Schulverweigerer*innen wichtig ist, Lebenskompetenzen frühzeitig im Unterricht zu erlernen und zu erfahren. Folglich sind Schulen gefordert, die Handlungspläne zu überdenken und die Förderung der Lebenskompetenzen mehr zu gewichten. Hierbei geht es einerseits um eine verbindliche Implementierung der Lebenskompetenzen in den Curricula, andererseits aber auch um die verlässliche und fächerübergreifende Umsetzung im Unterricht. Eine Möglichkeit der Ressourcennutzung und Kooperation wäre die Vernetzung mit anderen Institutionen, Beratungszentren, Vereinen oder mit dem Elternhaus, damit regelmäßig und an verschiedenen Ankerpunkten mit Schulverweigerer*innen Trainings zur Stärkung der Lebenskompetenzen durchgeführt werden können. Gerade die Regelmäßigkeit, die flächendeckenden Unterstützungsmaßnahmen und immer wiederkehrende Rituale auf unterschiedlichsten Lebensebenen geben Schulverweigerer*innen Sicherheit und die nötige Kontrolle im Koppelungs- und Rehabilitationsprozess.

Im Bereich der Lebenskompetenz Beziehungsfähigkeit (siehe Kernkompetenzen der WHO, 1994b, 1999) bestätigten die meisten Schulverweigerer*innen einen Zuwachs und die Weiterentwicklung der sozialen Kompetenzen in der Zeit der Schulverweigerung. Sie thematisierten in den Interviews die Zunahme von Verantwortung, die persönliche Weiterentwicklung der Teamfähigkeit, die Weitung der Kommunikationsfähigkeiten und die Entfaltung des Einfühlungsvermögens. Im Kapitel 4.3 wurde diesbezüglich angemerkt, dass für Schulverweigerer*innen die Entwicklung der sozialen Kompetenzen Voraussetzung dafür ist, dass schulische und gesellschaftliche Integration und Inklusion gelingen kann.

Die Zugänge und Entwicklungselemente der Lösungskompetenz nahmen die Befragten unterschiedlich wahr. Viele Jugendliche erzählten in den Interviews über Vorboten von Lösungen (vgl. dazu Kap. 8.1), wie das Erfassen von Stärken, das Suchen nach positiven Ausnahmen in Problemsituationen, das Bewusstmachen und Schaffen von Unterschieden und das Nutzen von Ressourcen oder das Erkennen von Unterschieden. Ein Teil der Befragten nahm im Verlauf der Schulverweigerung eine Haltungsänderung im Umgang mit Problemen und Lösungen wahr. Einige Jugendliche thematisierten die Kommunikation und das Weitergehen in kleinen Schritten. Aus den Antworten der Interviewpartner*innen lässt sich ableiten, dass für Schulverweigerer*innen die Entfaltung der Lösungskompetenz wichtig ist. Folglich könnte in Schulen das Fach "Lösungskompetenz" implementiert werden, um Kinder und Jugendliche auf die Lösung von Weltproblemen vorzubereiten, und um das Interesse und die Motivation der Schulverweigerer*innen zu steigern. Auch der erkennbare Nutzen und die Sinnhaftigkeit spielen, so die Ergebnisse der Interviews, für viele Schulverweigerer*innen eine wichtige Rolle.

- **Sach- und Methodenkompetenz**

Schulverweigerer*innen äußerten in den Interviews das Bedürfnis, vorgegebene Pfade zu verlassen und sich selbstbestimmt auf die Suche nach selbst ausgewählten Erkenntnissen und Neuem zu machen. Die Schule könnte dieses Bedürfnis nach Selbstbestimmung und Selbstorganisation nützen und im Unterricht umsetzen. Schulen könnten die Interessen, Bedarfe und Bedürfnisse von Schulverweigerer*innen erfragen und Bildungslandschaften außerhalb der Schulmauern schaffen.

- **Ressourcennutzung**

Einige Schulverweigerer*innen thematisierten in den Interviews die Ressourcennutzung. Sie erzählten davon, dass sie durch die Schulverweigerung gelernt hatten, achtsam mit den eigenen Ressourcen umzugehen und die Ressourcen besser zu nutzen und zu vernetzen. Aus diesen Ergebnissen kann abgeleitet werden, dass der achtsame Umgang mit Ressourcen für Schulverweigerer*innen sehr wichtig ist. Ressourcen werden optimal in Situationen der Passung und des Flow genutzt, folglich ist es für Schulverweigerer*innen ideal, wenn sie im schulischen Alltag, im Elternhaus und Freundeskreis häufig Momente des Flow und der Passung erleben.

- **Potentialentfaltung**

In der Zeit der Schulverweigerung gab es laut den Aussagen mehrerer Personen, Phasen der Passung und des Flow, die das Potential der Schulverweigerer*innen aktivierte (vgl. dazu Kap. 6.2). Schulverweigerer*innen brauchen folglich auch im Setting Schule vermehrt Situationen der Passung, um das Potential nutzen und entfalten zu können.

- **Sinnfindung**

Viele Schulverweigerer*innen thematisierten in den Interviews die Sinnfrage. Mehrere bemängelten die notwendige Sinnvermittlung an Schulen. Wie im Kapitel 3.4 thematisiert, verliert die Schule viele Schüler*innen durch mangelnde Sinnfindung. Aus den Ergebnissen dieser Forschungsarbeit lässt sich ableiten, dass Schulverweigerer*innen durch Partizipation und Mitbestimmung an Schulen häufig eigene Sinnkonstruktionen konstruierten, die mit den Sinnkonstruktionen der Schule verknüpft waren. Dadurch identifizierten sie sich lieber bzw. leichter mit den Sinnstrukturen des Systems und verstärkten ihre Bindung zur Schule.

17.7 Lösungsvisionen und die perfekte Zukunft der Schulverweigerer*innen

Die Schulverweigerer*innen äußerten im Verlauf des Interviews vielfältige Lösungsvisionen:

- **Lösungsvision: Veränderung des Schulsystems und der Curricula**

Das Schulsystem wurde von den Interviewpartner*innen mehrfach kritisiert. Viele Schulverweigerer*innen wünschten sich eine agile, lebensnahe und flexible Schule, in der es um die Menschen selbst ging und nicht um Leistung und Noten. Im Kapitel 6.3 wurden die zentralen Aufgaben der Schule thematisiert, wobei angemerkt wurde, dass es heutzutage immer noch eine grundlegende Aufgabe der Schule ist, den Kindern und Jugendlichen jene Lerninhalte und Deutungsmuster und Lerninhalte beizubringen, die in der Gesellschaft unverzichtbar erscheinen. Die Vorstellungen der Gesellschaft passen jedoch meist nicht mit den Vorstellungen und Bedürfnissen der Kinder und Jugendlichen zusammen. Individuelle Forderungen, Bedürfnisse und Interessen der Schüler*innen als zweitrangig gesehen oder finden, so die Ergebnisse der Forschungsarbeit, im Unterricht immer noch nicht die notwendige Berücksichtigung.

Folglich wäre eine vielschichtige Umstrukturierung des Schulsystems und eine Anpassung der Schule an die Anfordernisse des Lebens dringend notwendig. Lernen sind jedoch nur dann wirkungsvoll und für Schulverweigerer*innen passend, wenn ihre Visionen, Bedürfnisse und Erfahrungen umgesetzt bzw. berücksichtigt werden und das eigentliche Leben im Mittelpunkt steht.

- **Lösungsvision: Fächerübergreifendes Fach "Lösungskompetenz"**

Die meisten Schulverweigerer*innen wünschten sich andere und neue Unterrichtsfächer an den Schulen, nämlich Unterrichtsfächer, die auf das Leben vorbereiten. Einige Interviewpartner*innen thematisierten das Fach „Lösungskompetenz". Im Kapitel 8.1 wurde die Bedeutsamkeit der Lösungskompetenz dargelegt. Aus den Antworten der Interviews lässt sich schlussfolgern, dass es vielen Schulverweigerer*innen wichtig ist, Problemlösungsstrategien zu entwickeln und Lösungswege erproben zu dürfen. Mehrere Schulverweigerer*innen sprachen von ihrer Vision, dass an Schulen zukünftig das Fach Lösungskompetenz eingeführt wird, wobei die Inhalte des Faches in Absprache mit ehemaligen Schulverweigerer*innen und anderen Expert*innen des Lebens fortlaufend aktualisiert werden sollten. Grundlegende Inhalte des Faches wären die systemisch-lösungsfokussierte Haltung, die Anwendung von lösungsorientierten Werkzeugen, die gewaltfreie Kommunikation, die Lösungssprache sowie die vernetzende Lösung von aktuellen Problemen im Team bzw. durch weltweite Vernetzung. Fallbeispiele und Einzelsettings im Alltag könnten das Erlernen und das Training der individuellen Lösungsfindungsstrategien unterstützen.

- **Lösungsvision: Mehr systemisch-lösungsorientierte Beratung und Kurzzeitcoaching**

Viele Schulverweigerer*innen gaben an, mehr Beratung und Coaching an Schulen und im schulischen Umfeld zu benötigen. Auch der Wunsch nach zusätzlichen Gesprächsformen und Kurzzeitcoaching an den Schulen wurde von vielen Interviewpartner*innen ausgesprochen. In den Kapiteln 9 und 10 wurde die Wichtigkeit von Beratung und Coaching thematisiert und im Speziellen wurde hierbei auf die systemisch-lösungsorientierte Beratung eingegangen. Mehrere Schulverweigerer*innen forderten in den Interviews, dass alle Lehrpersonen und Eltern eine Coachingausbildung absolvieren sollten, um professionelle und zeitnahe Unterstützung anbieten zu können. Auf diese Weise könnte der erhöhte Bedarf gedeckt werden. Mehrere Jugendliche erklärten sich zudem bereit, in der schulischen Beratung von Schulverweigerer*innen oder bei Unterstützergruppen als Expert*innen für Schulverweigerung mitzuarbeiten.

- **Lösungsvision: Vernetzte Prävention, Intervention und Rehabilitation**

In den Kapiteln 4.1 bis 4.4 wurden präventive Ansatzpunkte im Fall von Schulverweigerung beschrieben. Bezugnehmend auf die Befragung konnte festgestellt werden, dass die meisten Schulverweigerer*innen die Bedeutung und Notwendigkeit einer zeitnahen Prävention, Intervention und Rehabilitation im Schulverweigerungsprozess hervorgehoben hatten. Folglich sind die Schulen fortlaufend gefordert, flexible und wirkungsvolle Maßnahmen in den Bereichen der Prävention, Intervention und Rehabilitation zu planen und umzusetzen.

- **Lösungsvision: Unterstützer*innengruppen an den Schulen mit externen Expert*innen der Schulverweigerung**

Viele Jugendliche äußerten das Bedürfnis nach Sicherheit in der Schule und im schulischen Umfeld sowie und den Wunsch nach einer konsequenten Begleitung durch Unterstützer*innengruppen. In mehreren Abschnitten wurde die Wichtigkeit von Unterstützung für Schulverweigerer*innen thematisiert (vgl. dazu Kap. 4.2. bis 4.5). Unterstützer*innengruppen könnten Schulverweigerer*innen begleiten und durch mehr Präsenz Sicherheit vermitteln und Schutz geben.

- **Lösungsvision: Partizipation, Mitbestimmung und Mitarbeit**

Viele Schulverweigerer*innen äußerten in den Interviews den Wunsch, nach größerer Partizipation an Schulen. Im Kapitel 4.3 wurde die Partizipation thematisiert und darauf hingewiesen, dass Partizipation Entwicklungs- und Lernprozesse aktiviert und positiv beeinflusst. Folglich könnte für Schulverweigerer*innen ein selbstbestimmter, handlungs- und produktorientierter Unterricht empfehlenswert sein (vgl. dazu Kap. 4.3) Zugleich besteht dadurch auch die Möglichkeit, dass Schulverweigerer*innen durch mehr Mitbestimmung und aktive Mitarbeit den schulischen Instanzen und Autoritäten positiver gegenüberstehen.

- **Lösungsvision: Expertentum**

Die Interviewpartner*innen bezeichneten sich in den Interviews mehrfach als Expert*innen für Schulverweigerung, weil sie selbst die Schule verweigert hatten. Mehrere Jugendliche gaben an, dass das Leben ihr Lehrmeister gewesen war und sie ihre Lebenserfahrung als Ressource für Schulentwicklung und zur Unterstützung von Schulverweigerer*innen zur Verfügung stellen möchten. Im Kapitel 8.1 wurde das Expertentum thematisiert und darauf hingewiesen, dass Menschen durch ihre Erfahrungen zu Experten*innen für ihren Erfahrungs- und Lebensbereich werden. Die persönlichen Lebenserfahrungen der ehemaligen Schulverweigerer*innen könnten neue Perspektiven und Möglichkeiten im Umgang mit Schulverweigerer*innen eröffnen.

- **Lösungsvision: Veränderungen im Unterricht**

Die meisten Schulverweigerer*innen äußerten in den Interviews den Wunsch, dass sich der Unterricht in den Schulen schneller verändern sollte. Viele forderten mehr Flexibilität und Agilität sowie die fortlaufende Anpassung an Lebenssituationen durch Weiterentwicklung und Umstrukturierung. Die Veränderungsvorschläge der Jugendlichen waren vielfältig. Genannt wurden u. a. folgende Wünsche: lebensnahe Lerninhalte, achtsamer Umgang mit Digitalisierung, die wahre Präsenz der Lehrpersonen, größere Wertschätzung, Humor, Leichtigkeit und Glück, mehr Beziehungsarbeit sowie die Abschaffung des Notensystems.

- **Lösungsvision: Systemisch-lösungsfokussierter Entwicklungskoffer und Plattform für Schulverweigerer*innen**

Bei den Interviews wurde der Wunsch nach neuen Arbeitsmaterialien geäußert. Die Schulverweigerer*innen erklärten sich bereit, bei der Ausarbeitung von Tools mitzuarbeiten und diese in einem Entwicklungskoffer zu sammeln. Auf diese Weise möchten Schulverweigerer*innen zukünftig anderen Schulverweigerer*innen wirkungsvoll helfen. Auch die Erstellung einer Plattform zur Wissensteilung, zum Erfahrungsaustausch bzw. zur gegenseitigen Unterstützung wurde von mehreren Schulverweigerer*innen vorgeschlagen.

18 Fazit

Ist Schulverweigerung eine Entwicklungschance?

Diese Forschungsfrage kann mit einem eindeutigen JA beantwortet werden.

Die Forschungsergebnisse zeigen auf, dass Schulverweigerung ein zirkulärer Lösungsfindungs- und Entwicklungsprozess ist, in dem Lösungen und Entwicklungen miteinander verknüpft sind und aufeinander einwirken. Im Prozess der Schulverweigerung sind neun unterschiedliche Phasen erkennbar, die beispielsweise durch eine zirkuläre Schleife veranschaulicht werden können.

Schulverweigerer*innen suchen im Verlauf der Verweigerung nach individuellen Lösungswegen, Bewältigungsstrategien oder Lösungen. Diese sind miteinander verknüpft und stehen in Wechselwirkung zueinander. Aus der Eigendynamik des Systems heraus ergibt sich die Verknüpfung von Lösung und Entwicklung. Durch das Suchen, Finden und Umsetzen von individuellen Lösungen werden neue Entwicklungsprozesse aktiviert. Die Entwicklungsfelder sind vielfältig, die Entfaltung erfolgt eigendynamisch und oft vernetzt. Personelle Entwicklung aktiviert wiederum Entwicklungen im Umfeld.

„Lösungsfokussierte Fragen regen individuelle Lösungswege an und eröffnen neue Zugänge, Herangehensweisen und Perspektiven“ (vgl. Bamberger 2015, S. 72).

Kann diese Aussage von Bamberger durch diese Forschungsarbeit bestätigt werden?

Die systemisch-lösungsorientierten Fragestellungen des Interviewleitfadens ermöglichte den Schulverweigerer*innen ungewohnte Zugänge zur Thematik. Die Fragestellungen aktivierten persönliche Ressourcen, führten zu Perspektivenwechsel und regten kreative Lösungsvisionen an. Partizipation und Expertentum ergaben sich eigendynamisch. Den Befragten wurde durch die Lösungsorientierung im Interviewleitfaden ein kreativer Spielraum für innere Suchprozesse und Lösungswege ermöglicht, dadurch konnten vielfältige Entwicklungs- und Veränderungsprozesse angestoßen werden.

Meine Arbeit war ein sich Einlassen auf die Dynamiken des Systems und ist dadurch zum Abbild dieser Eigendynamik geworden. Besonders hilfreich war mir in komplexen Situationen die systemisch-lösungsorientierte Sichtweise.

Nutzung dieser Forschungsergebnisse

Wünschenswert wäre, die Nutzung dieser Forschungsergebnisse für weitere Studien und die Überprüfung der Ergebnisse durch quantitative Forschung.

Durch Öffentlichkeitsarbeit sollte zudem Breitenwirkung erzeugt und ein Umdenken in der Gesellschaft/ Schule eingeleitet werden. Ein konkreter Schritt in diese Richtung ist die Veröffentlichung der Forschungsarbeit und das Einwirken in die Praxis durch den systemisch-lösungsorientierte Entwicklungskoffer.

19 Praxisempfehlung: Der systemisch-lösungsorientierte Entwicklungskoffer

Der systemisch-lösungsorientierte Entwicklungskoffer ist eine Idee der interviewten Schulverweigerer*innen. Der Koffer besteht aus unterschiedlichen Tools, die sich für Beratung, Schule, Coaching, Organisationsentwicklung und Netzwerkarbeit eignen. Die Tools sind durch Partizipation von Schulverweigerer*innen entwickelt worden. Sie orientieren sich an den Forschungsergebnissen und Lösungsvisionen der Interviewpartner*innen. Der Entwicklungskoffer hat zum Ziel, ein Umdenken in der Gesellschaft zu initiieren, Veränderungen im Schulsystem einzuleiten, die systemisch-lösungsorientierte Sichtweise sowie systemisch-lösungsorientierte Beratung bekannt zu machen, das vernetzende Arbeiten zu fördern und Partizipation sowie Expertentum auf allen schulischen sowie gesellschaftlichen Ebenen umzusetzen. Die Tools sind vielfältig und vielschichtig aufgebaut. Sie regen zur ganzheitlichen und vernetzten bzw. vernetzenden Entwicklung von Einzelpersonen, Teams und Organisationen an.

Der Entwicklungskoffer wurde in erster Linie für Schulverweigerer*innen konzipiert, die Tools sind aber so entwickelt, dass sie auf andere Bereiche übertragen werden können und dadurch zu Transferleistungen, Analogiebildungen, Wissensgenerierung und Weiterentwicklung anregen.

Nun ein kurzer „Blick" in den Entwicklungskoffer für Schulverweigerer*innen:

19.1 Tool: Die wundervolle Ideenstrasse

Wundervolle Augenblicke in der Schule durch Visionen aus der Zukunft

Ziel

Ziel der Übung ist, herauszufinden, wie sich ein wundervoller Augenblick in der Schule entwickeln kann und wie die Schule dann aussieht.

Beschreibung und Ablauf der Übung:

Die Schulverweigerer*innen und die Unterstützergruppe suchen und reflektieren in Partnerarbeit über besondere und schöne Momente im Schulalltag. Dann reisen sie gemeinsam in die Zukunft und entwickeln aus ihren Erinnerungen und den Zukunftsvisionen heraus eine neue wundervolle Schule mit neuen, wundervollen Möglichkeiten und Momenten. Zuerst beschreibt Person A ihr Zukunftsbild. Person B hört aktiv zu und stellt zwischendurch die Frage: Und was noch? Dann beschreibt Person B ihre Zukunftsvision. Die Zukunftsvisionen werden im Anschluss daran miteinander vernetzt und als gemeinsames Bild gezeichnet bzw. kreativ dargestellt. Anschließend reflektieren die Schüler*innen über den Arbeitsprozess und richten den Fokus auf Unterschiede. Folgende Fragestellungen können hilfreich sein:

- Was funktioniert heute schon gut und kann beibehalten werden?
- Was aus der Zukunft kann ich jetzt schon in der Gegenwart umsetzen?
- Was ist mir in meinem Zukunftsbild besonders wichtig?
- Wie kann mein erster Schritt in Richtung perfekte Zukunft aussehen?
- Welche Ressourcen stehen mir hierbei zur Verfügung?
- Was sind meine Stärken und Kompetenzen?
- Was noch?

Die wichtigsten Fragen, Antworten, Gedanken und Lösungen werden auf dem gemeinsamen Bild ergänzt.

Anschließend stellen die Zweierteams ihre Plakate in der Großgruppe vor. Zum Schluss werden alle Zeichnungen und kreativen Produkte als "Ideenstraße" auf dem Boden ausgelegt. So kann jeder Einzelne über die wundervolle Ideenstraße gehen, den vernetzten Ideen- und Lösungspool nutzen, sich Inputs holen, erste kleine Schritte überlegen oder Ressourcen bündeln.

Hausaufgabe

Zum Schluss entscheidet sich jede Person dafür, einen Unterschied, der sich durch die Arbeit ergeben hat, oder einen Impuls aus der Ideenstraße im Alltag zu leben. Beim nächsten Treffen berichtet jeder darüber, wie es ihm dabei ergangen ist und ob der Unterschied einen Unterschied macht.

Das erinnert mich an eine Geschichte
(Für die Leser*innen: Bitte die eigene Geschichte hinschreiben oder Zukunftsvisionen mit anderen teilen)

____

____

____

Weitere Tools des systemisch-lösungsorientierten Entwicklungskoffers befassen sich beispielsweise mit dem Selbstcoaching für Schulverweigerer*innen und Bezugspersonen, mit dem systemisch-lösungsorientierten Theater, mit Zukunftswerkstätten, kreativen und vernetzenden Perspektiven, Tagebuchaufzeichnungen, Achtsamkeitsübungen, mit Ritualen, Entwicklungsbäumen, Lösungssprache, Reframing, Metaphern, Waldbaden für Schulverweigerer*innen, Neurographik u. a.

Der Entwicklungskoffer wird demnächst veröffentlicht.

20 Schlussworte von Max, dem Schulverweigerer

So jetzt sind wir am Ende einer langen Forschungsreise angelangt. Ich freue mich über die Forschungsergebnisse, denn sie zeigen auf, dass Schulverweigerung für Schüler*innen eine Leistung und Entwicklungschance ist. Wir befinden uns zwar am Ende dieser Reise, aber meine Reise wird weitergehen und ich freue mich jetzt schon auf die Plattform für Schulverweigerer*innen und die Mitarbeit beim systemisch-lösungsorientierten Entwicklungskoffer. Zum Schluss möchte ich mich bei allen bedanken, die sich für Schulverweigerer*innen interessieren und dazu beitragen, dass Schulverweigerung anders gesehen wird. Als Schlussworte wähle ich einen Auszug aus meinem Tagebuch, denn die Zeilen sprechen für sich.

Mittwoch, 4.7. 2019

Liebes Tagebuch,
juhuuu … Ich habe die Matura geschafft. Nächstes Jahr geht's an die Uni. Ich habe in dieser intensiven und sehr bewegenden Zeit viel gelernt. Ich habe begriffen, was für mich wichtig ist und was für mich Sinn macht. Ich habe erfahren, dass ich nur glücklich sein kann, wenn ich weiß, wer ich bin und was ich brauche. Ich bin glücklich, wenn ich meine eigenen Lebens-Lösungen suchen und finden darf. Ich bin glücklich, wenn ich meine Freiräume habe, die nur mir gehören. Ich bin glücklich, wenn ich mit anderen zusammenarbeiten kann und mich dabei nicht verliere. Ich bin froh über wertschätzende Handlungen. Ich bin froh, dass ich lachen darf und dass ich mitentscheiden darf. Ich möchte mir meine Neugier fürs Leben bewahren und in kleinen Schritten meine Zukunftspläne umsetzen. Ich möchte noch soooooo viel:

Durch die Schulverweigerung habe ich erfahren und gelernt, wie ich mit anderen umgehen soll, wie ich mit meinen Energien „haushalte" und wie ich mir meine Neugier für das Leben bewahren kann. Viele Dinge kann ich im Leben nicht planen, aber aus jeder Situation zu lernen, ist mir durch die Schulverweigerung sehr wichtig geworden. Ich habe erfahren, dass ich nur glücklich sein kann, wenn ich bereit bin, meinen Weg zu gehen. Die Schulverweigerung war in vielen Dingen mein Lehrmeister. Danke Schulverweigerung, danke Leben!

Literaturverzeichnis

Abels, H., König, A. (2016): Sozialisation: Über die Vermittlung von Gesellschaft und Individuum und die Bedingungen von Identität. 2. Aufl. Wiesbaden: Springer VS.

Albers, V./Bolz, T./Wittrock, M. (2018): Pädagogisches Handeln bei (elternbedingtem) Schulabsentismus. In: Ricking, H./Speck, K. (Hrsg.): Schulabsentismus und Eltern. Wiesbaden: Springer Fachmedien GmbH.

Baier, D. (2012): Die Schulumwelt als Einflussfaktor des Schulschwänzens. In Ricking, H./Schulze, G. (Hrsg): Schulabbruch-ohne Ticket in die Zukunft? Bad Heilbrunn: Klinkhard Verlag, S. 37–62.

Bamberger, G. (2015): Lösungsorientierte Beratung. 5. Auflage. Weinheim: Beltz Verlag.

Bannink, F. (2015): Lösungsfokussierte Fragen. Handbuch für die lösungsfokussierte Gesprächsführung. Göttingen: Hogrefe Verlag.

Barth, G. (2015): Schulverweigerung aus sozialpädagogischer Perspektive. In: Barth G./J. Henseler (Hrsg.): Jugendliche in Krisen. 5. Ausgabe. Hohengehren: Schneider Verlag.

Beekhoven, S./ Dekkers, H. (2005): The influence of participation, identification, and parental resources on the early school leaving of boys in the lower educational track. In: European Educational Research Journal, 4, S. 195–207.

Beelmann, A./Raabe, T. (2007): Dissoziales Verhalten von Kindern und Jugendlichen. Göttingen: Hogrefe Verlag.

Beinke, C./Brinkschulte, M./Bunn, L./Türmer, S. (2008): Die Seminararbeit. Schreiben für den Leser. Konstanz: uvk Verlagsgesellschaft.

Bernhard, A. (2017): Vorwort. In: Weckel, E./Grams, M. (Hrsg.): Schulverweigerung. Bildung, Arbeitskraft, Eigentum. Eine Einführung. Weinheim: Beltz Juventa.

Bohnsack, F. (2013): Wie Schüler die Schule erleben. Zur Bedeutung der Anerkennung, der Bestätigung und der Akzeptanz von Schwäche. In: Erziehungswissenschaftliche Revue12, 5. Opladen, Berlin, Toronto: Budrich Verlag. Verfügbar unter: https://www.pedocs.de/volltexte/2016/12479/pdf/EWR_2013_5_

Equit_Rezension_Bohnsack_Wie_Schueler_Schule_erleben.pdf (Letzter Zugriff: 2020-01-07).

Bolz, T. (2017): Ohne Beziehung keine Erziehung. In: GRU Fachzeitschrift für die Grundschule. Verfügbar unter: https://www.westermann.de/anlage/4588188/Ohne-Beziehung-keine-Erziehung (Letzter Zugriff: 2019-11-12).

Bundesministerium Wissenschaft, Bildung und Forschung (2018): Schulpflichtverletzung. Verfügbar unter: https://www.bmbwf.gv.at/Themen/schule/beratung/schulinfo/fernbleiben.html (Letzter Zugriff: 2020-01-12).

Bührmann, T./Boehmer, K. (2016): Schulabsentismus systemisch betrachtet. Jugend stärken und Netzwerke gestalten als Aufgabenfelder der Kinder- und Jugendhilfe. In: unsere Jugend, 68, S. 172–181.

Bührmann, T. (2009): Erfolgreicher Umgang mit schulmüden Jugendlichen und Schulverweigerern. Forschungsergebnisse und Empfehlungen für die schulische und sozialpädagogische Praxis. Paderborn: IN VIA Verlag.

Bührmann, T. (2017): Interventionsstrategien im Umgang mit Schulverweigerung. Ansätze eines systemisch-konstruktivistischen Rahmen- und Handlungskonzeptes. In: Weckel, E./ Grams, M. (Hrsg.): Schulverweigerung. Bildung, Arbeitskraft, Eigentum. Eine Einführung. Weinheim: Beltz Juventa, S. 167–179.

Bürgisser, T. (2017): Mentale Stärke – wenig genutztes Potenzial an Schulen? Verfügbar unter: https://blog.phlu.ch/weiterbildung/2017/04/20/mentale-staerke-wenig-genutztes-potenzial-an-schulen/#more-1158 (Letzter Zugriff: 2019-08-12).

Burgstaller, S. (2015): Schnellstart mit Lösungsfokus: Das Wichtigste in Kürze. In: Burgstaller, S. (Hrsg.): Lösungsfokus in Organisationen. Zukunftsorientiert beraten und führen. Heidelberg: Carl-Auer-Systeme Verlag, S. 14–18.

Casale, G./Hennemann, T./Hövel, D. (2014): Systematischer Überblick über deutschsprachige schulbasierte Maßnahmen zur Prävention von Verhaltensstörungen in der Sekundarstufe I. In: Empirische Sonderpädagogik 6,1, S. 33–58.

Csikszentmihalyi, M. (2015): Flow und Kreativität. 2. Auflage. Stuttgart: Klett-Cotta.

Demirovis, A. (2015): Wissenschaft oder Dummheit? Über die Zerstörung der Rationalität in den Bildungsinstitutionen. Hamburg: VSA: Verlag.

de Shazer, S. (2012): Wege der erfolgreichen Kurztherapie. 11. Auflage. Stuttgart: Klett Cotta Verlag. [Am. Orig. (1985): Keys to solution in brief therapy. New York (W. W. Norton)].

Diekmann, A. (2010): Empirische Sozialforschung. Grundlagen, Methoden, Anwendungen. 4. Auflage. Hamburg: Rowohlt Verlag.

Domel, J. (2002): Schulverweigerung – wer steigt aus und warum? Verfügbar unter: https://docplayer.org/16353478-1-definition-schulverweigerung-thematische-einfuehrung-definition.html (Letzter Zugriff: 2020-01-19).

Dreher, E. (2015): Fachtagung für elementare Bildung. Verfügbar unter: https://www.verwaltung.steiermark.at/cms/dokumente/11684106_74834997/3d281082/FT2015_Dreher.pdf (Letzter Zugriff: 2020-02-17).

Dresing, T./Pehl, T., (2015): Praxisbuch Interview, Transkription und Analyse. Anleitungen und Regelsysteme für qualitative Forschende. 6. Auflage. Verfügbar unter: www.audiotranskription.de/downloads.html (Letzter Zugriff: 2020.01.20).

Dunkake, I. (2007): Die Entstehung der Schulpflicht, die Geschichte der Absentismusforschung und Schulschwänzen als abweichendes Verhalten. In: Wagner, M. (Hrsg.): Schulabsentismus. Soziologische Analysen zum Einfluss von Familie, Schule und Freundeskreis. Weinheim/München: Juventa Verlag, S. 13–36.

Dunkake, I. (2010): Der Einfluss der Familie auf das Schulschwänzen. Theoretische und empirische Analysen unter Anwendung der Theorien abweichenden Verhaltens. Wiesbaden: Verlag für Sozialwissenschaften.

Dunkake, I./Wagner, M./Weiss, B./Frings, R./Weißbrodt, T. (2015): Schulverweigerung: Soziologische Analysen zum abweichenden Verhalten von Jugendlichen. In: G. Barth/J. Henseler (Hrsg.): Jugendliche in Krisen. Über den pädagogischen Umgang mit Schulverweigerern. 5. Auflage. Hohengehren: Schneider Verlag.

Dunkake, I. (2017): Subjektive Theorie – die Analyse "kognitiver Netzwerke". In: Weckel, E./Grams, M. (Hrsg.): Schulverweigerung. Bildung, Arbeitskraft, Eigentum. Eine Einführung. Weinheim: Beltz Juventa.

Eickhoff, P. (2016): Theorie U –Schlüssel für Schulentwicklung? Verfügbar unter: http://www.data.part-o.de/Theorie-U-Schulentwicklung.pdf (Letzter Zugriff: 2020-01-13).

Eschenbeck, H./ Knauf, R.-M. (2018): Entwicklungsaufgaben und ihre Bewältigung. In A. Lohaus (Hrsg.): Entwicklungspsychologie des Jugendalters. Heidelberg: Springer Verlag, S. 23–50.

Fahrenholz, C. (2015): Schulabsentismus als lineare Verlaufsgeschichte. Dissertation Universität Bielefeld. Verfügbar unter: https://pub.uni-bielefeld.de/record/2782014 (Letzter Zugriff: 2019-11-12).

Fischer, K. (2001): Einführung in die Psychomotorik. München, Basel: E. Reinhardt Verlag.

Flammer, A./Alsaker, F. D. (2001): Entwicklungspsychologie der Adoleszenz, die Erschließung innerer und äußerer Welten im Jugendalter. Bern: Huber.

Flick, U./Kardoff, E. v./ Steinke, I. (2009): Was ist qualitative Forschung. In Flick, U./Kardoff, E. v./ Steinke, I. (Hrsg.): Qualitative Forschung. Ein Handbuch. Hamburg: Rowohlt Verlag, S. 13–29.

Flick, U. (2017): Qualitative Sozialforschung. Eine Einführung. 8. Auflage. Reinbek bei Hamburg: Rowohlt Taschenbuch.

Friebertshäuser, B./Langer, A./Prengel, A. (Hrsg.) (2013): Handbuch. Qualitative Forschungsmethoden in der Erziehungswissenschaft. 4. Auflage. Weinheim und Basel: Beltz Juventa.

Fuhs, B. (2007): Qualitative Methoden in der Erziehungswissenschaft. Darmstadt: Verlag Wissenschaftliche Buchgesellschaft.

Geist, S. (2012): Ich bleib dann mal weg. Kinder und Jugendliche verweigern die Schule – eine Einführung. In Pädagogik (Weinheim), Heft 64. 9, S. 6–9.

Gingerich, P. (2013): Effectiveness of Solution-focused Brief Therapy:A Systematic Qualitative Review of Controlled Outcome Studies. Reseach on Social Work Practice, 23, S. 266–283. Verfügbar unter: http://rsw.sagepub.com/content/23/3/266, http://gingerich.net/home/solution-focused-brief-therapy (Letzter Zugriff: 2019-12-15).

Gläser, J./Laudel, G. (2010): Experteninterviews und qualitative Inhaltsanalyse als Instrumente rekonstruierender Untersuchungen. Wiesbaden: VS Verlag für Sozialwissenschaften.

Godat, D. (2014): Lösungen auf der Spur: Wirkungsvoll führen dank Lösungsfokus. Zürich: Versus Verlag AG.

Goethe, F. (2015): Zum Ausmaß des Schulschwänzens. Eine Darstellung der neueren empirischen Untersuchungen und ihrer Methoden. In: G. Barth / Henseler, J. (Hrsg.): Jugendliche in Krisen. Über dem pädagogischen Umgang mit Schulverweigerern. 5. Auflage. Hohengehren: Schneider Verlag, S. 65–77.

Grams, W. (2017): Was macht die Schule, wenn sie verweigert wird? In: Weckel, E. / Grams, M. (Hrsg.): Schulverweigerung. Bildung, Arbeitskraft, Eigentum. Eine Einführung. Weinheim: Beltz Juventa.

Groeben, A. v. d. (2011): Verschiedenheit nutzen. Besser lernen in heterogenen Gruppen. Berlin: Cornelsen.

Gülden, U. / Rybniker, O. (2011): Kooperatives Coaching. In: Popp, K. / Melzer, C. / Methner, A. (Hrsg.): Kooperative Beratung. Eine praktische Reflexion. Weinheim: Beltz Bibliothek, S. 96–108.

Hänsel, D. (1999): Projektunterricht. Beltz-Handbuch. 2. Auflage. Weinheim und Basel: Beltz.

Harkcom, S. (2017): Unterrichtsstörungen meistern. Reframing im Klassenzimmer. Heidelberg: Carl Auer Verlag.

Heckner, T. (2012): Schulverweigerung als individuelle entwicklungsbezogene Bewältigungsstrategie zwischen Risikoverhalten und Resilienzbildung. Dissertation Uni Köln. Verfügbar unter: https: / / kups.ub.uni-koeln.de / 4975 / (Letzter Zugriff: 2019-09-12).

Heistinger, A. (2006): Qualitative Interviews – Ein Leitfaden zu Vorbereitung und Durchführung inclusive einiger theoretischer Anmerkungen. Verfügbar unter: https: www.uibk.ac.at / iezw / mitarbeiterinnen / senior-lecturer / bernd_lederer / downloads / durchfuehrung_von_qualitativen_inteviews_uniwien.pdf[Stand (Letzter Zugriff: 2020.01.10).

Helfferich, C. (2010): Die Qualität qualitativer Daten. Manual für die Durchführung qualitativer Interviews. 4. Auflage. Wiesbaden: VS Verlag für Sozialwissenschaften.

Helmke A. (1993): Die Entwicklung der Lernfreude vom Kindergarten bis zur 5. Klassenstufe. In: Zeitschrift für Pädagogische Psychologie, 7, S. 77–86.

Hennemann, T. / Hillenbrand, C. (2007). Präventionsprogramme gegen Dropout. Classroom Management und Check & Connect. In: Lernchancen, 60, S. 28–31.

Hentschel, K. (2014): Stärken und Schwächen von Analogien in wissenschaftshistorischer Perspektive. In: Herstatt, C./Kalogerakis, K./ Schulthess, M. (Hrsg): Innovationen durch Wissenstransfer. Mit Analogien schneller und kreativer Lösungen entwickeln. Wiesbaden: Springer Fachmedien.

Herrera, C./ J. B. Grossman/T. J. Kauh/J. McMaken (2011): Mentoring in scools: an impact study of big brothers big sisters school-based mentoring. Child Development, 82, S.346–361.

Herrmann, P. (2018): Konflikte bewältigen, Blockaden überwinden. Systemische Lösungen für die Schule. Weinheim Basel: Beltz Verlag.

Herstatt, C./Kalogerakis, K./ Schulthess, M. (2014): Die kreative Kraft der Analogien. In: Herstatt, C./Kalogerakis, K./ Schulthess, M (Hrsg): Innovationen durch Wissenstransfer. Mit Analogien schneller und kreativer Lösungen entwickeln. Wiesbaden: Springer Fachmedien.

Hickman, G. P./Battholomew, M./Mathwig, J./Heinrich, R. S. (2008): Differential Developmental Pathways of High School Dropouts and Graduates. The Jounal of Educational Research, 102, S. 3-14.

Higley, E./ Walker, S. C./ Bishop, A. S./ Fritz, C. (2016): Achieving high quality and long-lasting matches in youth mentoring programmes: a case study of 4Results mentoring. In: John Wiley & sons Ltd. (Hrsg.): Child and familiy social work. 21. Auflage. Verfügbar unter: https://onlinelibrary.wiley.com/ doi/full/10.1111/cfs.12141 (Letzter Zugriff: 2019-07-12), S.240–248.

Hoffmann, I. (2017): Aspekte schulischer Prävention und Intervention bei Schulabsentismus. In Weckel/Grams (Hrsg.): Schulverweigerung. Bildung, Arbeitskraft, Eigentum. Eine Einführung. Basel: Beltz Juventa.

Horne, M. A./Orpinas, P. (2012): Bullies, Bullies, Bullies Everywhere. What are teachers, parents and counselors to do? In: Ricking, H./Schulze C./Gisela (Hrsg.): Schulabbruch – Ohne Ticket in die Zukunft? Bad Heilbrumm: Verlag Julius Klinkhardt, S. 63–76.

Hubrig, H. (2014): Lösungen in der Schule. Systemisches Denken in Unterricht, Beratung und Schulentwicklung. 4. Auflage. Heidelberg: Carl Auer Verlag.

Hurrelmann, K. (2002): Einführung in die Sozialisationstheorie. 8. Auflage. Weinheim/Basel: Beltz Verlag.

Hurrelmann, K. (2007) Lebensphase Jugend: Eine Einführung in die sozialwissenschaftliche Jugendforschung. Weinheim, München: Juventa-Verlag.

Hurrelmann, K. (2013) Das „Modell der produktiven Realitätsverarbeitung“ in der Sozialisationsforschung. In: Zeitschrift für Soziologie der Erziehung und Sozialisation, 33. Jg. 2013, H. 1, S. 87–88.

Hurrelmann, K./ Quenzel, G. (2013): Lebensphase Jugend. 12. Auflage. Weinheim/München: Beltz Juventa Verlag

Hüther, G. (2018): Würde. Was uns stark macht – als Einzelne und als Gesellschaft. München: Albrecht Knaus Verlag.

Institut für berufliche Bildung, Arbeitsmarkt- und Sozialpolitik in Deutschland (INBAS) (Hrsg.) (2014): Einführung eines elektronisch gestützten Fehlzeitenmanagements im Rahmen des Früherkennungssystems an hessischen Berufsschulen. Offenbach: (Eigenverlag).

Kamm, H. (Hrsg. 2000): Epochenunterricht. Grundlagen-Modelle-Praxisberichte. Bad Heilbrunn/Obb.: Klinkhardt.

KIGGS-Studie (2018): KIGGS-Studien zur Gesundheit von Kindern und Jugendlichen in Deutschland. Verfügbar unter: https://www.kiggs-studie.de/deutsch/studie.html (Letzter Zugriff: 2019-10-06).

Klipker, K./Baumgarten, F./ Göbel, K./ Lampert, T./ Hölling, H. (2018): Psychische Auffälligkeiten bei Kindern und Jugendlichen in Deutschland – Querschnittergebnisse aus KiGGS Welle 2 und Trends. In: Journal of Health Monitoring, 3, S. 37–45. Verfügbar unter: https://www.rki.de/DE/ Content/Gesundheitsmonitoring/Gesundheitsberichterstattung/GBEDownloadsJ/FactSheets/JoHM_03_2018_Psychische_Auffaelligkeiten_KiGGS-Welle2.pdf?__blob=publicationFile (Letzter Zugriff: 2019-10-06).

Königswieser, R./Exner, A. (2002): Systemische Intervention. Architekturen und Designs für Berater und Veränderungsmanager. Stuttgart: Klett Cotta.

Königswieser, R./Hillebrand, M. (2004): Einführung in die systemische Organisationsberatung. Heidelberg: Carl-Auer-Systeme Verlag.

Kotrba, V./Miarka, R. (2019): Agile Teams lösungsfokussiert coachen. 3. Auflage. Heidelberg: dpunktVerlag GmbH.

Kuckartz, U. (2018): Qualitative Inhaltsanalyse. Methoden, Praxis, Computerunterstützung. 4. Auflage. Bad Langensalza: Beltz Juventa Verlag.

Lee, V. E./ Burkam D. T. (2003): Dropping out of hight school: The role of school organization and structure. In: American Educational Research Journal, 40, S. 353–393.

Leppert, U. (2010): Ich hab eine Eins! Und du? Von der Notenlüge zur Praxis einer besseren Lernkultur. München: Uni-Online Press (Edition Libress).

Lohmann, G. (2011): Mit Schülern klarkommen. Professioneller Umgang mit Unterrichtsstörungen und Disziplinkonflikten. 8. Auflage. Berlin: Cornelsen Verlag

Luhmann, N. (1984): Soziale Systeme: Grundriss einer allgemeinen Theorie. Berlin: Suhrkamp Verlag.

McKergow, M. /Jackson, P. (2007): The Solution Fokus. Making Coaching and Change Simole. 2. Auflage. London: Quercus Verlag.

Merton, R. K. (1968): Social Theory and Social Structure. New York: The free press.

Müller, S. (1990): Schulschwänzen als Problemlösungsstrategie. Eine kritische Analyse der Problematik Schulschwänzen unter besonderer Berücksichtigung einer pädagogischen Zugänglichkeit. Dissertation. Freie Universität Berlin. Leibniz: Informationscente for science and tecnology university library. Verfügbar unter: https://www.tib.eu/en/search/id/TIB-KAT%3A025035371/Schulschw%C3%A4nzen-als-Probleml%C3%B6sungsstrategie-eine/?tx_tibsearch_search%5Bsearchspace%5D=tibub (Letzter Zugriff: 2019-12-17).

Mack, A. (2016): Muster durchbrechen – neue Kreativität finden – Probleme lösen. Mit systemischem Denken zum Erfolg. München: Karl Hanser Verlag.

Mayring, P. (2015): Qualitative Inhaltsanalyse. Grundlagen und Techniken. 12. Auflage. Weinheim und Basel: Beltz Verlag.

Methner, A. (2014): Kooperatives Coaching, in Popp, K./Methner, A.. (Hrsg): Schülerinnen und Schüler mit herausforderndem Verhalten. Hilfen für die schulische Praxis. 1. Auflage. Stuttgart: Kohlhammer Druckerei GmbH, S. 174–192.

Mutzeck, W. (2014): Kooperative Beratung: Grundlagen, Methoden, Training, Effektivität. Weinheim: Beltz Verlag.

Opp, G./Puhr, K. (2003): Schule als fürsorgliche Gemeinschaft. In G. Opp (Hrsg.): Arbeitsbuch schulische Erziehungshilfe. Bad Heilbrunn: Klinkhardt, S. 109–144.

Opp G. / Fingerle M. (2008): Erziehung zwischen Risiko und Protektion. In G. Opp / M. Fingerle (Hrsg): Was Kinder stärkt. Erziehung zwischen Risiko und Resilienz. 3. Auflage. München/Basel: Ernst Reinhardt Verlag, S. 7–20.

Perkinson-Gloor, N./Lemola, S./Grob, A. (2013): Sleep duration, positive attitude toward life, and aacademic achievement: the role of daytime tiredness, behavioral persistence, and school start times. In: Journal of Adolescence 4, S.311–318.

Pfeiffer, F. (2019): Qualitative Forschung und quantitative Forschung. Verfügbar unter: https://www.scribbr.de/methodik/qualitative-forschung-quantitative-forschung/ (Letzter Zugriff: 2020-01-14).

Popp, K. (2007): Überlegungen zu schulischen Interventions- und Rehabilitationsmöglichkeiten. In Ricking, H./Schulze, G./Wittrock, M. (Hrsg.): Schulabsentismus und Dropout. Konzepte der Re-Integration und ihre Wirksamkeit. Oldenburg: Oldenburger Vordrucke, S. 24–31.

Rauch, H. (2017): Vorgeburtliche Entwicklung und frühe Kindheit, Kindheit und Jugendzeit in entwicklungspsychologischer systemischer Sicht. Verfügbar unter: https://www.researchgate.net/publication/312295447_Vorgeburtliche_Entwicklung_und_fruhe_Kindheit_Kindheit_und_Jugendzeit_in_entwicklungspsychologischer_systemischer_Sicht (Letzter Zugriff: 2019-07-15).

Rechtsinformationssystem des Bundes, RIS: Schulpflichtgesetz 1985, §25 (2018): Verfügbar unter: https://www.ris.bka.gv.at/NormDokument.wxe?Abfrage=Bundesnormen&Gesetzesnummer=10009576&Paragraf=25 (Letzter Zugriff: 2019-03-10).

Reid, K. (1986): Disaffection from school. London: Methuen.

Reif, A. (2017): Zukunftsbilder in der Bildung. Die utopische Energie der Agenda 2030 und warum wir sie erst entfalten müssen, online abrufbar unter: https://germanwatch.org/sites/germanwatch.org/files/Zukunftsbilder%20in%20der%20Bildung.pdf (Letzter Zugriff: 2020-03-03).

Reinders, H. (2016): Qualitative Interviews mit Jugendlichen führen. Ein Leitfaden. 3. Auflage. Berlin/Boston: Walther de Gruyter GmbH.

Ricking, H./Thimm, K./Kastirke, N. (2004): Schulische Qualitätsstandards bei Schulabsentismus. In: Herz, B./Puhr, K./Ricking, H. (Hsg.): Problem Schulabsentismus. Wege zurück in die Schule. Bad Heilbrunn: Klinkhardt Verlag, S. 241–253.

Ricking, H. (2008). Schulabsentismusprävention. In: Borchert, J./Hartke, B./ Jogschies, P. (Hrsg.): Frühe Förderung entwicklungsauffälliger Kinder und Jugendlicher. Stuttgart: Kohlhammer Verlag, S. 235–245.

Ricking, H. (2009): Konzeptionelle Förderung schulischer Anwesenheit und Partizipation. In: Ricking, H./Schulze G./Wittrock M. (Hrsg.): Schulabsentismus und Dropout. Erscheinungsformen-Erklärungen-Intervention. Stuttgart: UTB, S.221–233.

Ricking, H. (2010): Lebensproblemzentrierte Pädagogik als Handlungskonzept für Unterricht. In: Ricking, H./ Schulze, G. (Hrsg): Förderbedarf in der emotionalen und sozialen Entwicklung. Bad Heilbrunn: Verlag Julius Klinkhardt, S. 110–120.

Ricking, H. (2014): Schulabsentismus. Berlin: Cornelsen Schulverlage.

Ricking, H./Hagen, T. (2016): Schulabsentismus und Schulabbruch: Grundlagen – Diagnostik – Prävention. Stuttgart: Verlag Kohlhammer.

Ricking, H./Dunkake, I. (2017): Wenn Schüler die Schule schwänzen oder meiden: Förderziele Anwesenheit und Lernen-wollen. Grundlagen der Schulpädagogik, Band 69. Hohengehren: Schneider Verlag.

Ricking, H./Albers, V. (2019): Schulabsentismus. Intervention und Prävention. Heidelberg: Carl Auer Verlag.

Ricking, H. (o. J.): Schulabsentismus als interdisziplinäre Aufgabe. Verfügbar unter: www.hamburg.de/contenblob/5886750/4b9 ad0e4b2376378b72b6a85c12b60 23/data/schulabsentismus-als-interdisziplinaere-aufgabe.pdf (Letzter Zugriff: 2020-01-17).

Rist, G./Schneider, P. (1987): Die Hiberniaschule. Von der Lernwerkstatt zur Gesamtschule. Eine Waldorfschule integriert berufliches und allgemeines Lernen. Reinbeck. Hamburg: Rowohlt Verlag.

Rogge, J./ Koglin, U. (2018): Schulschwänzen, Schulverweigerung und Zurückhalten durch Eltern. Eine explorative Studie zu den

Auftrittshäufigkeiten von Schulabsentismusformen in niedersächsischen Sekundarschulen. In Ricking, H./Speck, K. (Hrsg): Schulabsentismus und Eltern. Wiesbaden: Springer Verlag, S. 49–71.

Ronzani, M. (2016): Charakteristika lösungsorientierter Konfliktberatung und Mediation. In: Burgstaller, S.: Lösungsfokus in Organisationen. Zukunftsorientiert beraten und führen. Heidelberg: Carl-Auer Verlag, S. 212–217.

Rotthaus, W. (2019): Schulprobleme und Schulabsentismus. Heidelberg: Carl Auer Verlag.

Sälzer, C. (2010): Schule und Absentismus. Wiesbaden: Springer Verlag.

Sälzer, C. (2016): Schulabsentismus – von Europa lernen. Verfügbar unter: http://www.jugendsozialarbeit.de/media/raw/Reader_Schulabsentismus_.pdf (Letzter Zugriff: 2020-02-13)

Samjeske, K. (2007): Der Einfluss der Peers auf Schulverweigerung. In: Wagner, M. (Hrsg.): Schulabsentismus. Soziologische Analysen zum Einfluss von Familie, Schule und Freundeskreis. Weinheim/München: Juventa Verlag, S. 177–200.

Scharmer, C. O. (2015): Theorie U von der Zukunft her führen. Presencing als soziale Technik. Vierte Auflage. Heidelberg: Karl Auer Verlag.

Scheinecker, M./Röhring, P. (2019): Lösungsorientiertes Konflikt-Management in Organisationen. In: Röhring, P./Scheinecker, M. (2019): Lösungsfokussiertes Konflikt-Management in Organisationen. Methoden und Praxisbeispiele für Konfliktlösung zwischen Einzelnen, in Teams und Organisationseinheiten. Bonn: managerSeminare Verlags GmbH, S. 15–40.

Schlippe A. v./Schweitzer, J. (2019). Systemische Interventionen. 4. Auflage. Göttingen: Vandenhoeck &Ruprecht.

Schreiber-Kittl, M./Schröpfer, H. (2002): Abgeschrieben? Ergebnisse einer empirischen Untersuchung über Schulverweigerung. Bd. 2. Opladen: Leske und Budrich.

Schultz, A.-K. (2009): Kooperation von Lehrkräften und Eltern bei Schulabsentismus. In: Ricking H./ Schulze G./Wittrock M. (Hrsg): Schulabsentismus und Dropout. Paderborn: Schöning Verlag, S. 277–290.

Schulze, G./ Wittrock, M./ Schreiber-Kittl, M./Schröpfer, H. (2002): Abgeschrieben? Ergebnisse einer empirischen Untersuchung über Schulverweigerung. Bd. 2. Opladen: Leske und Budrich.

Schulze, G./Wittrock, M. (2008): Schulaversives Verhalten. In: Gasteiger-Klicpera, B./Julius, H. /Klicpera, C. (Hrsg.): Sonderpädagogik der sozialen und emotionalen Entwicklung. Göttingen: Hogrefe, S. 219–233.

Seeliger, S. (2015): Schulabsentismus und Schuldropout: Fallanalysen zur Erfassung eines Phänomens. Wiesbaden: Springer Verlag für Sozialwissenschaften.

Seiffge-Krenke, I./ Gelhaar, T./ Kollmar, F. (2007): Instrumente zur Erfassung von Stress und Coping im Jugendalter. In: Seiffge-Krenke, I., Lohaus, A, (Hrsg.), Stress und Stressbewältigung im Kindes- und Jugendalter. Göttingen: Hogrefe, S. 49.

Simon, F. B. (2018): Einführung in die Systemtheorie des Konflikts. 4. Auflage. Heidelberg: Carl-Auer Compact.

Simonis, G./ Elbers, H. (2011): Studium und Arbeitstechniken der Politikwissenschaft. 2. Auflage. Wiesbaden: VS Verlag für Sozialwissenschaften.

Speck, K., Universität Oldenburg (2017): Schulabsentismus – Reflexionen über gelingende Ansätze in der Jugendsozialarbeit. Verfügbar unter: https://jugendsozialarbeit.de/wp-content/uploads/2017/05/Reader-Schulabsentismus-2017-003.pdf (Letzter Zugriff: 2019-04-07).

Stamm, M./Ruckdäschel, C./Templer, F./Niederhauser, M. (2009): Schulabsentismus. Ein Phänomen, seine Bedingungen und Folgen, Wiesbaden: Springer Verlag für Sozialwissenschaften.

Steiner, T. (2016): Jetzt mal angenommen...Anregungen für die lösungsfokussierte Arbeit mit Kindern und Jugendlichen. 3. Auflage. Heidelberg: Carl Auer Verlag.

Suter, C./ Rütti, A./ Eglin, S./ Suter, S. (2012): Lebenskompetenz entwickeln. Eine Arbeitshilfe für Schulen. Verfügbar unter: https://www.npg-rsp.ch/fileadmin/npg-rsp/Themen/Fachthemen/Lebenskompetenz_in_Schulen__Arbeitshilfe_AG.pdf (Letzter Zugriff: 2019-07-09).

Varga von Kibéd, M. (2011): Vorwort. In: Röhrig, P. (Hrsg.): Solution Tools. Die 60 besten, sofort einsetzbaren Workshop-Interventionen mit dem Solution Focus. 3. Auflage. Bonn: managerSeminare Verlags Gmbh, S. 7–11.

Vereinte Nationen: Allgemeinen Erklärung der Menschenrechte. Art. 26, Abs.1. Verfügbar unter: https://unric.org/de/charta/ (Letzter Zugriff: 2019-07-09).

Voigt, J./Ricking, H. (2008): Wir gründen eine Schülerfirma. Ein pädagogisches Konzept für die schulische Berufsorientierung. Lernchancen 66, S. 29–33.

Wagner, M./Dunkake, I./Weiß, B. (2004): Schulverweigerung. Empirische Analysen zum abweichenden Verhalten von Schülern. Verfügbar unter: https://www.researchgate.net/publication/246970357_Schulverweigerung_Empirische_Analysen_zum_abweichenden_Verhalten_von_Schulern (Letzter Zugriff: 2019-08-09).

Wagner, M. (2007): Schulschwänzen und Schulverweigerung. Ergebnisse und Defizite der Forschung. In: Wagner, M. (Hrsg.): Schulabsentismus. Soziologische Analysen zum Einfluss von Familie, Schule und Freundeskreis. Weinheim/München: Juventa Verlag, S. 239–252.

Waibel, E. M./Wurzrainer, A. (2016): Motivierte Kinder – authentische Lehrpersonen. Einblicke in den Existenziellen Unterricht. Weinheim, Basel: Beltz Juventa. Verfügbar unter http://www.content-select.com/index.php?id=bib_view&ean=9783779944911 (Letzter Zugriff: 2019-07-08).

Watzlawick/Weakland/Fisch (2013): Lösungen. Zur Theorie und Praxis menschlichen Handelns. 8. Auflage. Bern: Huber Verlag.

Weckel E. (2017): Heureka! Theorien zur Schulverweigerung. In: Weckel, E./Grams, M. (Hrsg.): Schulverweigerung. Bildung, Arbeitskraft, Eigentum. Eine Einführung. 1. Auflage. Weinheim: Beltz Juventa, S. 65–73.

Weckel, E./Grams, M. (2017): „Zu welchem Ende…“. In: Weckel, E./Grams, M. (Hrsg.): Schulverweigerung. Bildung, Arbeitskraft, Eigentum. Eine Einführung. 1. Auflage. Weinheim: Beltz Juventa, S. 289–290.

WHO: World Health Organization (1994): «Life Skills». Praktische Lebenskunde – Rundschreiben. Zusammenfassung der englischen «Skills for Life Newsletter» No. 1–3. Genf: WHO. Verfügbar unter: https://apps.who.int/iris/bitstream/handle/10665/42818/924159103X.pdf?sequence=1&isAllowed=y (Letzter Zugriff: 2019-07-07).

Winkel, R. (1997): Theorie und Praxis der Schule. Oder Schulreform konkret – im Haus des Lebens und Lernens. Hohengehren: Schneider.

Wittrock, M. (2014): Schule und Jugendhilfe. In: Wember, F. B /Stein, R./Heimlich, U. (Hrsg.): Handlexikon Lernschwierigkeiten und Verhaltensstörungen. Stuttgart: Kohlhammer Verlag.

Wittrock, M./Ricking H. (2016): Lebensproblemzentrierung und Unterrichtsgestaltung. In: Methner, A./Popp, K./Seebach, B. (Hrsg.): Verhaltensprobleme in der Sekundarstufe. Unterricht-Förderung-Intervention. Stuttgart: Kohlhammer Verlag, S. 84–94.

Young, S. (2015): Lösungsfokussierte Schule: Jenseits von Anti-Mobbing. Bad Homburg: SolutionsAcademy Verlag.

Zoughebi, H. (2014): Le Parti pris des jeunes. Réinventer i´éducation populaire. Ivry-sur-Seine: Les Édition de i´Atelier/Éditions Ouvriéres.

Zima, P. V. (2004): Was ist Theorie? Theoriebegriff und Dialogische Theorie in den Kultur- und Sozialwissenschaften. Basel: UTB.

Zeitfracht Medien GmbH
Ferdinand-Jühlke-Straße 7
99095 Erfurt, Deutschland
produktsicherheit@kolibri360.de